Business English

Die wichtigsten Ausdrücke und Vokabeln für dein Wirtschaftsenglisch

Samuel Roberts

ISBN:
9798576160488

INHALT

VORWORT

In diesem Buch wird erklärt, wie du das Business Englisch am besten lernst; dazu bekommst du noch viele Tipps, Vokabeln und Beispiel-Dialoge. Weiterhin lernst du E-Mails zu schreiben, sicher telefonieren und mit Leichtigkeit einen Small-Talk zu führen und vieles mehr. Durch die Tipps in diesem Buch wirst du nicht nur deine englischen Sprachfähigkeiten erweitern können, sondern auch deine Fähigkeit im Allgemeinen, Sprachen zu erlernen, wird sich verbessern.

Beim Lernen ist eine autodidaktische Herangehensweise besonders vielversprechend. Dies bedeutet, dass du dir spezielles Wissen durch Lektüren, Bücher, Videos oder ähnlichem aneignest.

Dieses Buch erhebt nicht den Anspruch, einen kostspieligen Business-Englisch Kurs zu ersetzen. Jedoch wird es dich bei deinem Lernvorgang stark unterstützen und dir viele nützliche Tipps für den Alltagsgebrauch geben. Außerdem wirst du viele Vokabeln zu den einzelnen Skills finden, welche sich perfekt zum auswendig lernen oder zum Nachschlagen eignen.

Wir legen sehr viel Wert auf Kundenzufriedenheit. Wenn du also Fragen oder Kritik zu diesem Buch haben solltest, schreibe uns gerne eine E-Mail an:
d-stopfer@web.de

TIPPS ZUM BUSINESS ENGLISH LERNEN

1. Klare Ziele setzen

Zuerst solltest du dir klar machen, zu welchem Zweck du Business Englisch lernen möchtest. Welches Sprachlevel willst du erreichen und wie lange gibst du dir dafür Zeit? Du musst dir klare, kleinere Ziele setzen, damit du erfolgreich sein und diese Ziele dann auch erreichen kannst. So kannst du Frustrationen vermeiden, denn du wirst merken, dass du immer wieder Fortschritte machst und deine kleineren Etappenziele schnell erreichen kannst.
Ein Ziel könnte zum Beispiel sein, dass du jeden Tag 20 Minuten lernst. Denn erwiesenermaßen ist ein tägliches kleines Training besser als ein großer Lerntag in der Woche. Außerdem solltest du dir klar machen, was du in diesen 20 Minuten lernen möchtest. Das Erreichen dieser kleinen Ziele wird dich motivieren, immer wieder weiterzumachen.

2. Lerne mit deinen Kollegen

Vereinbare am besten mit deinen Kollegen, dass ihr einen bestimmten Teil eurer Arbeit auf Englisch bestreitet. Das können zum Beispiel Anrufe sein oder E-Mails, welche ihr euch sowieso zuschicken müsst. Wenn ihr bei dieser Übung nach einer gewissen Zeit eine Regelmäßigkeit bekommt, wird es euch ganz normal vorkommen und euer Business Englisch wird

sich spielerisch verbessern.
Es ist sehr wichtig, dass du die englische Sprache in deinen Alltag einbaust. So kannst du ohne großen Aufwand die besten Ergebnisse erzielen.
Falls du für diese Übung keinen passenden Kollegen hast, kannst du auch Gespräche wie zum Beispiel Telefonate oder ähnliches in deinen Gedanken durchführen. Auch kannst du im Internet nach Gleichgesinnten suchen, die ebenfalls Business Englisch lernen wollen. Mit diesen Personen kannst du dann regelmäßig telefonieren oder E-Mails schreiben.

3. Lernen durch hören

Eine weitere sehr gute Übung ist das Lernen durch Hören von zum Beispiel englischsprachigem Radio, Podcasts oder anderen Audio-Artikeln. Der Vorteil hierbei ist, dass du diese Übung immer und überall verwenden kannst, wie zum Beispiel auf dem Weg zur Arbeit oder zum Einkaufen. Durch das Hören dieser Mediendateien verbessert sich deine Hörverstehkompetenz und darüber hinaus können sie auch noch interessant und informativ sein.
Ein weiterer Vorteil der Podcasts ist, dass du dir immer den Podcast mit der passenden Länge aussuchen kannst. Ob du einen mit 5 Minuten- oder 30 Minuten Länge suchst, du wirst sicherlich immer einen passenden finden. Ebenfalls sehr gut geeignet ist das Hören von Hörbüchern. Bei Audible kanst du zum Beispiel ein Abo abschließen und hast dadurch Zugriff auf hunderttausende Hörbücher. Sehr viele von diesen Hörbüchern gibt es auch auf Englisch.

4. Lies die Nachrichten auf Englisch

Eine weitere gute Möglichkeit, um Englisch zu lernen, ist das Lesen von Nachrichten und aktuellen Ereignissen. Solche Beiträge findest du zum Beispiel bei BBC, NPR oder Euronews.

Wenn du die englische Sprache schon gut beherrschst, kannst du dir auch anspruchsvollere Beiträge von Anbietern wie zum Beispiel „The Guardian, New York Times, Washington Post, Business Insider, Huffington Post, The New Yorker“ usw. ansehen. Solche Beiträge sind sehr informativ und lehren dir nicht nur die englische Sprache, sondern noch vieles mehr. Wenn du lieber einen bekannteren Anbieter nutzen möchtest, kannst du auch einfach SPIEGEL International verwenden.

Setze dich in einer freien Stunde an deinen PC und rufe eine der genannten Seiten auf. Schaue diese dann ganz in Ruhe durch. Falls dich ein Thema interessiert, klicke darauf und lese den Artikel mehrmals durch. Auch hier ist es gar kein Problem, wenn du nicht jedes Wort verstehst. Der Gesamtzusammenhang wird sich dir schnell erschließen. Falls du jedoch nahezu nichts verstehen solltest, suche im Internet nach der Bedeutung einiger Schlüsselwörter. Auch hier verhindert das Lesen der für dich interessantesten Artikel, dass du das Interesse am Lernen verlierst.

Wenn du lieber hörst statt liest, kannst du natürlich auch Nachrichten auf YouTube oder anderen Plattformen anhören. BBC ist zum Beispiel auch auf YouTube unter dem Kanalnamen „BBC News“ vertreten. Bei diesen Videos musst du zwar oftmals auch noch mitlesen, jedoch liegt hier der Schwerpunkt im Video und nicht im Text.

WIRTSCHAFTSVOKABELN

Sehr viele Begriffe aus unserer Wirtschaft werden bereits in englischer Sprache verwandt. Die wichtigsten dieser Begriffe werden im Folgenden aufgeführt und erläutert.

Shareholder Value

Als Shareholder Value wird in der Wirtschaft der Marktwert des Eigenkapitals von Unternehmen bezeichnet, welcher am Kurswert der Aktien des Unternehmens gemessen wird.

Outsourcing

Outsourcing bezeichnet in der Wirtschaft die Abgabe von Aufgaben an externe Dienstleister. Die Form und Dauer dieser Dienstleistungen wird durch einen Vertrag festgehalten.

Business Plan

Ein Business Plan ist ein Geschäftsplan, welcher Geschäftsmöglichkeiten mit dazugehörigen Maßnahmen beschreibt.

Break Even

Break Even ist in der Wirtschaft der Punkt, an dem Kosten und Erlös gleich hoch sind und es so weder Verlust noch Gewinn für das Unternehmen gibt.

Short Squeeze

Als Short Squeeze bezeichnet man die Angebotsknappheit eines Wertpapiers, welches zuvor leerverkauft wurde (rasanter Kursanstieg).

Corner

Der Begriff Corner bedeutet, dass ein zielgerichteter Aufkauf eines bestimmten Wertpapiers stattfindet. Der Kurs dieses Wertpapiers soll dadurch steigen.

Soft Skills

Als Soft Skills bezeichnet man soziale Kompetenzen wie zum Beispiel Teamfähigkeit, Konfliktfähigkeit oder Zeitmanagement.

Dual Listing

Der Begriff Dual Listing bedeutet, dass ein Konzern seine Wertpapiere an zwei großen Börsen notieren lässt.

Trading

Trading ist der Handel mit Wertpapieren wie zum Beispiel Aktien, Anleihen und Zertifikaten. Dabei wird versucht, einen möglichst hohen Gewinn zu erzielen.

Day Trading

Beim Day Trading wird versucht, mit den Kursschwankungen von Wertpapieren innerhalb eines Tages Geld zu verdienen. Der An- und Verkauf findet am gleichen Tag statt.

Limit-Orders

Eine Limit-Order ist eine Handelsanweisung, bei der angegeben wird, zu welchem Mindestpreis man etwas verkaufen möchte. Oder es wird angegeben, zu welchem Höchstpreis man etwas kaufen möchte.

Stop-Entry-Orders

Eine Stop-Entry-Order ist eine Handelsanweisung, bei der Aktien automatisch gekauft werden, nachdem die Aktie um ein gewisses Level gefallen ist. Trader setzen diese Order oft ein, um auch an den Aktienschwankungen zu profitieren, wenn sie den Markt nicht ständig beobachten können.

Stop-Loss-Orders

Eine Stop-Loss-Order ist eine Handelsanweisung, bei der das Risiko begrenzt werden kann. Hier werden die gekauften Aktien verkauft, wenn sie ein gewisses Level erreicht haben (Verlustbegrenzung).

Market-Orders

Eine Market-Order ist eine Handelsanweisung, bei der Aktien zum besten aktuellen Marktpreis verkauft oder gekauft werden (sofortiger Kauf- oder Verkauf).

Trailing-Stop-Order

Die Trailing-Stop-Order ist eine Ergänzung zur Stop-Order. Hier steigt der Stop-Preis im gleichen Nirveau wie die Aktie selbst. Wenn die Aktie fällt bleibt der Stop-Preis jedoch gleich.

Ghostwriter

Ein Ghostwriter ist ein Autor, welcher im Auftrag für eine andere Person schreibt. Der Ghostwriter übergibt nach Abschluss des Auftrages die Rechte an dem Text gegen einen gewissen Geldbetrag ab. Er selbst wird namentlich nicht genannt.

Chart

Ein Chart ist in der technischen Aktienanalyse eine Abbildung, welche den Kursverlauf grafisch darstellt.

Cashflow

Der Cashflow ist die Differenz von Ausgaben und Einnahmen innerhalb eines bestimmten Zeitraumes.

Virtual Assistant

Virtual Assistant (kurz VA) sind Personen, welche lästige oder aufwendige Aufgaben für Unternehmen erledigen und dafür bezahlt werden.

Performance

Die Performance gibt an, in welchem Maß der angestrebte Umsatz erreicht wurde. Sie misst also zum Beispiel den Erfolg oder Misserfolg eines Produktes.

Return on Investment

Return on Investment ist eine Kennzahl, mit der man die Rendite einer unternehmerischen Tätigkeit errechnen kann. Sie dient also zur Renditenmaximierung.

Bonanza

Eine Bonanza ist im übertragenen Sinne ein Unternehmen, welches durch verschiedene Faktoren als Goldgrube angesehen wird. In der amerikanischen Goldgräberzeit war eine Bonanza ein Terrain, auf dem Gold-Nuggets gefunden wurden.

Cold Call

Ein Cold Call ist ein unangekündigter Telefonanruf, bei dem eine Firma etwas an eine Privatperson verkaufen möchte. Die Firma stand vorher in keinster Weise mit der Privatperson in Kontakt. Diese Art von Telefonat ist in Deutschland verboten.

Deadlock

Der Begriff Deadlock ist der Punkt in einem Gespräch oder einer Verhandlung, an dem die beteiligten Parteien nicht auf einen gemeinsamen Nenner kommen. Oft wird hier ein Parteiloser Schlichter benötigt.

Cross-Selling

Der Begriff Cross-Selling kommt aus dem Vertrieb und bedeutet, dass ein Kunde, der sonst nur Produkt-A kauft, auch Produkt-B kaufen soll.

Stock

Ein Stock ist ein Warenvorrat beziehungsweise eine Ansammlung an ausgewählten Produkten. Eine Firma kann Beispielsweise einen Stock Haushaltsware kaufen.

Start-up

Ein Start-up ist ein neu gegründetes Unternehmen, welches eine innovative Geschäftsidee mit hohem Wachstumspotenzial besitzt.

Nonprofit Organization

Eine Nonprofit Organization ist meist eine gemeinnützige Organisation. Sie ist also nicht gewinnorientiert, sondern wohltätig veranlagt.

Spam

Als Spam werden meist unerwünschte E-Mails bezeichnet, welche den Empfänger mit werbendem Inhalt belästigen.

Cyber War

Cyber War ist ein organisierter Hackerangriff auf zum Beispiel große Unternehmen.

Greenmailing

Der Begriff Greenmailing bezeichnet einen Vorgang, bei dem ein Investor genug Anteile einer Firma erwirbt, um mit einer Übernahme zu drohen. Dadurch muss die Firma ihre betroffenen Anteile mit einem Preisaufschlag zurück kaufen.

Raider

Ein Raider (Unternehmensplünderer) ist ein Finanzinvestor, welcher eine Mehrheitsbeteiligung eines Unternehmens erwirbt, um dieses gewinnbringend zu verkaufen oder das Unternehmen zu zerschlagen.

Phishing

Unter dem Begriff Phishing versteht man den Versuch, meist über gefälschte Links oder E-Mails an beispielsweise Accountdaten eines Benutzers zu kommen.

Leverage Effect

Der Leverage Effect besagt, dass man mit dem Einsatz von Fremdkapital die Rentabilität des Eigenkapitals steigern kann.

Liquid

Die Liquidität sagt aus, ob ein Unternehmen oder eine Privatperson über genügend Zahlungsmittel verfügt um allen Zahlungsverpflichtungen nachzukommen.

Dummy Company

Eine Dummy Company oder auch Briefkastenfirma, soll den Anschein einer wirtschaftlich aktiven Firma erwecken. Meist soll sie den eigentlichen Eigentümer verschleiern oder dient für Steuerersparnisse.

Headhunter

Ein Headhunter tritt in Aktion, wenn die normalen Recruiting-Methoden eines Unternehmens nicht zielführend waren. Er versucht Fach- und Führungskräfte aus ihren Arbeitsverhältnissen abzuwerben, indem er ihnen sehr attraktive Angebote unterbreitet.

Red Flag

Eine Red Flag ist eine Warnung in Bezug auf potenzielle Probleme eines Unternehmens. Dies können negative Nachrichtenberichte oder Verluste sein. Eine Red Flag kann alles Negative sein, was einem Investor auffällt. Dadurch sind sie schwer zu definieren.

Big Push

Als Big Push bezeichnet man eine große Kapitalspritze für Entwicklungsländer. Diese soll die Wirtschaft nachhaltig stärken.

Due Diligence

Der Begriff Due Diligence bezeichnet eine genaue Prüfung etwa eines Unternehmens oder einer Immobilie, meist Seitens des Käufers.

Carriage paid to

Der Begriff Carriage paid to bedeutet, dass der Verkäufer einer Ware für den Transport zuständig ist.

Plow-back

Der Begriff Plow-back bedeutet, dass ein entstandener Teil des Gewinns in das Unternehmen reinvestiert wird.

Pipeline

Wenn man etwas in der Pipeline hat, hat man noch eine Idee oder ein neues Projekt in Planung beziehungsweise Bearbeitung.

Milestone Payment

Dieser Begriff besagt, dass das nächste Kapital eines Investors erst fließt, wenn ein vereinbarter Meilenstein erreicht wurde.

Averaging

Averaging ist ein Verfahren, bei dem ein Investor konstant den gleichen Betrag zum Beispiel in Aktien investiert.

First Mover Advantage

Der Begriff First Mover Advantage bedeutet, dass die ersten Unternehmer auf einem speziellen Markt einen gewissen Vorsprung ergattern können.

Pole Position

Der Begriff Pole Position steht für eine sehr gute Ausgangsposition für ein Unternehmen. Seinen Ursprung hat dieser Begriff im Motorsport.

Hype

Dies ist eine Phase geprägt von übertrieben starkem Wachstum. Bei Wertpapieren wird diese Phase auch als Blasenbildung bezeichnet.

Crowdfunding

Crowdfunding ist eine Finanzierung durch eine Vielzahl von Internetnutzern. Diese Nutzer spenden einen beliebigen Betrag und bekommen im Gegenzug eine materielle oder ideelle Gegenleistung.

Blue Chips

Blue Chips sind Aktien von erstklassigen Unternehmen, welche wenig Risiko aufweisen. Seinen Ursprung hat dieser Begriff aus dem Pokerspiel.

Business Model

Das Business Model ist das Geschäftsmodell des jeweiligen Unternehmens. Dieses beschreibt Produkte und Vorhaben.

Elevator Pitch

Ein Elevator Pitch ist eine kurze Präsentation einer bestehenden Geschäftsidee. Diese wird oft vor Investoren gehalten.

Big Deal

Ein Big Deal ist ein Geschäftsabschluss mit großer Bedeutung.

Fallen Angel

Der Begriff Fallen Angel bezeichnet ein eigentlich hochangesehenes Unternehmen, welches unerwartet in kurzer Zeit Bankrott ging.

Going Public

Going Public ist die Einführung von Aktien eines Unternehmens an einem Kapitalmarkt.

Dress Code

Der Dress Code ist eine Kleiderordnung, zum Beispiel in Unternehmen für Angestellte.

Credit Shark

Der Begriff Credit Shark (Kredithai) bezeichnet ein Unternehmen oder eine Privatperson, welche einem bonitätsschwachen Kreditnehmer einen Kredit gewährt. Dieser Kredit beinhaltet viele nachteilige Bedingungen, vor allem jedoch Wucherzinsen.

Call to Action

Dies ist ein Marketingbegriff, welcher als Handlungsaufforderung oft im Verkauf und bei Werbungen verwendet wird.

Landingpage

Eine Landingpage dient dazu, ein Produkt oder eine Information zu verkaufen und gleichzeitig Kontaktdaten der Kunden zu sammeln.

Lead

Der Begriff Lead bezeichnet im Online Marketing einen neuen Kontakt, welcher durch eine Marketingmaßnahme gewonnen wurde.

CEO

CEO (Chief Executive Officer) ist die US-Amerikanische Bezeichnung für den Vorstandsvorsitzenden eines Unternehmens.

SEO

SEO (Search Engine Optimization) bezeichnet Maßnahmen, um Webseiten oder ähnliches im Suchmaschinenranking ganz oben zu positionieren.

VIP

Der Begriff VIP (Very Important Person) steht meist für prominente Personen aus der Politik, Wirtschaft oder Unterhaltungsbranche.

B2B

Die Abkürzung B2B (Business to Business) steht für jede Art von Geschäft zwischen zwei Unternehmen.

B2C

Die Abkürzung B2C (Business to Consumer) steht für jede Art von Geschäft zwischen einem Unternehmen und einer Privatperson.

CBR

Mit der CBR (Cash Burn Rate) wird angegeben, wie schnell ein Unternehmen seine liquiden Mittel verbraucht.

USP

Der Begriff USP (Unique Selling Proposition) ist im Marketing ein Leistungsmerkmal, durch welches sich ein Produkt klar von der Konkurrenz abhebt.

TEU

Die TEU (Twenty-foot Equivalent Unit) ist eine internationale Einheit für die Zählung von Containern und zur Angabe der Ladekapazität eines Schiffes.

Weitere Begriffe der Wirtschaft findest du hier:

Abgabetermin	deadline
Abholung	collection
Abonnement	subsciption
Abteilung	department
Abteilungsleiter	department manager
Adresse	address
Akte	file
Aktie	share
Aktienkurs	quotation
Aktionär	shareholder
Amortisationsdauer	payback period
anbieten	to offer
anfordern	to request
Anfrage	enquiry
Angebot	bid
Angebot und Nachfrage	supply and demand
Angelegenheit	issue
Anklage	charge

Anleger	investor
Anschlussflug	connecting flight
Anspruch	claim
ansteigen	to increase
Anwalt	lawyer
Anweisung	instruction
Anzahlung	deposit
Arbeitgeber	employer
auf Lager	in storage
Aufpreis	surcharge
Aufsichtsrat	supervisory board
Ausgaben	expenses
ausgeben	to spend
Ausrüstung	equipment
Ausschreibung	tender
Ausschüttungsquote	payout ratio
ausverkauft	sold out
Auszahlung	paying out
Auszubildender	apprentice

Bank	bank
Bankleitzahl	bank code
Barzahlung	cash payment
Bedingungen	terms
Belohnung	reward
Berater	consultant
berechnen	to bill
Berechtigung	authorization
Bericht	report
Beschreibung	description
Beschwerde	complaint
Bestand	inventory
Bestellschein	orderform
Bestellung	order
bestätigen	to acknowledge
Bestätigung	confirmation
Betriebsausflug	staff outing
Betriebskosten	operating cost
Betriebsleiter	production manager

Bilanz	balance sheet
Brutto	gross
Buchungsfehler	accounting error
Börse	bourse
Chef	boss
Darlehen	loan
Datenverarbeitung	data processing
Dauerauftrag	standing order
Diagramm	graph
Eigenkapital	equity capital
Einkaufspreis	purchase price
Einkommen	income
einlagern	to stock
Einnahmen	revenue
Einzelhandel	retail trade
empfehlen	to recommend
Empfänger	addressee
Entscheidung	decision
Entschuldigung	apology

Entwicklung	development
Erfahrung	experience
Ergebnis	result
Erinnerung	reminder
Erklärung	explanation
Erlaubnis	permission
Ersatz	replacement
Ersatzteile	spare parts
erstatten	to refund
Erstbestellung	initial order
Ertrag	earnings
erwartete Rendite	expected yield
erwähnen	to mention
etwas vorrätig haben	to have something in stock
Fabrik	factory
Fehler	mistake
Festgeldkonto	time deposit account
Filiale	branch
finanzielles Risiko	financial risk

Finanzierung	financing
Fixkosten	fixed costs
Forderungen	receivables
Forschung	research
Fracht	cargo
Freihandel	free trade
Fremdkapital	debt capital
Fusion	merger
fälliger Betrag	amount due
Fälligkeitsdatum	due date
garantieren	to guarantee
Gebühr	fee
Geldanlage	financial investment
Gericht	court
Geschäft	shop
Geschäftsführer	manager
Geschäftsleitung	management
Geschäftsplan	business plan
Gewinn	profit

Gewinnbeteiligung	profit sharing
Grenze	limit
Großhandel	wholesale trade
Großhändler	wholesale trader
Guthaben	balance
gültig	valid
Haftung	liability
Handel	trade
Handelsgewinne	trading profits
Handgepäck	hand luggage
Herstellung	manufacturing
Hypothek	mortgage
Händler (Wertpapiere)	broker
Impressionen	impressions
inbegriffen	included
Inlandsflug	domestic flight
innerhalb einer Woche	within a week
in Rechnung stellen	to invoice
Inventur	inventory

Investition	investment
Jahresvergleich	annual comparison
jährlich	yearly
Kapital	capital
Kapitalaufwand	capital spending
Kapitalgewinn	capital gain
Kauf	purchase
Kaufvertrag	sale contract
Klick	click
Klickpreis	click price
Klickrate	click rate
Konto	account
Kontoauszug	statement of account
Kontoführungsgebühr	account management fee
Kontonummer	account number
Kontopfändung	account garnishment
Kontoüberziehung	overdraft
Konvertierung	conversion
Konvertierungsrate	conversion rate

kostenlos	free of charge
Kredit	credit
Kreditzins	lending interest
Kunde	customer
Kundenanfrage	customer inquiry
Kundenbetreuung	customer support
Kundenzufriedenheit	customer satisfaction
kurzfristig	short term
Käufer	buyer
Kündigung	notice of dismissal
Lager	warehouse
langfristig	long term
Lastschrift	debit
laufender Ertrag	current yield
Leasing	leasing
Leerverkauf	short sale
Leistung	output
Lieferant	supplier
Lieferung	delivery

Lieferungsdatum	delivery date
Liniendiagramm	line chart
Lohnabkommen	pay agreement
Lohnabrechnung	payroll
Lohnsteuerklasse	income tax bracket
Luftfracht	air freight
Mahnung	reminder
Marke	brand
Marktanteil	market share
Marktbewegung	market valuation
Marktforschung	market research
Mehrheitsbeteiligung	majority interest
Mehrwertsteuer	betterment levy
Meinung	opinion
Mietvertrag	tenancy agreement
Minderheitsinteresse	minority interest
Mindestpreis	reserve price
Mitarbeiter	employee
Monopol	monopoly

Möglichkeit	possibility
Nachbestellung	repeat order
Nachricht	message
Nebenkosten	service charges
Netto	net
Neuigkeiten	news
Onlinebanking	online banking
opportunitätskosten	opportunity costs
Paket	packet
Partnerschaft	partnership
Pfändung	distraint
planen	to schedule
Preisbindung	price maintenance
Privatinsolvenz	personal bankruptcy
Produktion	production
Produktplatzierung	productplacement
Profitspanne	profit margin
Prognose	forecast
Provision	commission

Prozentsatz	percentage
Quittung	receipt
Rabatt	discount
Ratenzahlung	payment by installments
Rechnung	bill
Rechnungsprüfer	accountant
Reinvestition	reinvestment
Rendite	yield
Rentabilität	profitability
Reserven	reserves
Risiko	risk
Rückerstattung	reimbursement
Rückmeldung	feedback
Rückzahlung	redemption
Schulden	debt
Schuldner	debtor
Schwarzgeld	illegal earnings
Schwarzmarkt	black market
schätzen	to estimate

Sortiment	assortment
stagnieren	to stagnate
Stammkunde	regular customer
Stellvertreter	substitute
Steuererklärung	tax return
Steuerklasse	tax category
Steuerkürzungen	tax cuts
Steuern	taxes
Steueroase	tax haven
Strafe	penalty
streichen	to cancel
Streik	strike
Stücklohn	piece rate
Stückpreis	unit price
Säulendiagramm	bar chart
Tagesordnung	agenda
Tilgung	repayment
Tochtergesellschaft	subcompany
Tortendiagramm	pie chart

Transaktion	transaction
Transport	transport
Umsatz	turnover
Umsatzsteuer	sales tax
Unternehmen	company
Unternehmenswert	company value
Unterschied	difference
unterstützen	to support
Verantwortung	responsibility
Verbesserung	improvement
Verbindlichkeiten	liabilities
Verbraucher	consumer
Verbrauchsgüter	consumer goods
Verkauf	sale
Verkaufsangebot	offer for sale
Verkaufspreis	retail price
verklagen	to sue
Verkäufer	seller
Verlust	loss

Vermarktung	marketing
Vermieter	landlord
Vermögenswert	asset
Verpackung	packing
Versand	despatch
Versandabteilung	despatch department
verschieben	to postpone
verschiffen	to ship
Versicherung	insurance
Verspätung	delay
Verstaatlichung	nationalisation
vierteljährlich	quarterly
Vollmacht	power of attorney
Vorarbeiter	foreman
Vorauszahlung	advance payment
Vorschriften	regulations
Vorverkauf	advance sale
Wachstum	growth
Wachstumsrate	growth rate

Wahrscheinlichkeit	probability
Ware	goods
Wartung	maintenance
Wechselkurs	exchange rate
Werbekosten	advertising costs
Werbung	advertising
Wert	value
Wertpapier	security
Wettbewerb	competition
wie erwähnt	as mentioned
Wirtschaft	economy
Wissen	knowledge
Währung	currency
Zahlung	payment
Zahlungsaufschub	extension of payment time
zahlungsfähig	solvent
Zahlungsmitteilung	advice of payment
zahlungsunfähig	insolvent
Zeitlohn	time rate

Ziel	objective
Zinsen	interest
Zinseszins	compound interest
Zinssatz	interest rate
zollfrei	duty free
zollpflichtig	dutiable
zurückgehen, fallen	to decrease
zusammenarbeiten	to collaborate
Ökologie	ecology
Übernahmeangebot	takeover bid
Überschuss	surplus
Überstunden	overtime
Übertragungsurkunde	deed of transfer
Überweisung	transfer
überzogen (Konto)	overdrawn

FALSCHE FREUNDE

In diesem Kapitel lernst du einige „false friends“ aus dem Business English kennen. Dies sind äußerlich sehr ähnliche Wortpaare aus zwei verschiedenen Sprachen, welche sich jedoch in ihrer Bedeutung klar unterscheiden.

Absatz	paragraph
Paragraf	section
seriös	trustworthy
ernst	serious
Formular	form
Formel	formula
Koch	chef
Chef	boss
Notiz	notes
Hinweis	notice
Mappe	folder
Landkarte	map

Fabrik	factory
Stoff	fabric
Gift	poison
Geschenk	gift
Ich bekomme	I get
Ich werde	I become
Konzern	group
betreffen	concern
aktuell	currently
eigentlich	actual
engagiert	committed
beschäftigt	engaged
Ich will	I want
Ich werde	I will
Art	kind
Kunst	art

VOKABELÜBUNGEN

Match the English expressions with their German translation. The letters will form a solution!

Bezugszeichen	sale (E)
Anrede	growth (S)
Mitarbeiter	salutation (U)
Hauptteil	reimbursement (S)
Anhang	subject line (S)
Empfänger	possibility (G)
Rückerstattung	reference (B)
Betreffzeile	enclosure (N)
Verkauf	employee (S)
Umsatz	interest (H)
Möglichkeit	file (L)
Akte	body of the e-mail (I)
Lager	turnover (N)
Wachstum	addressee (E)
Zinsen	warehouse (I)

Solution:

_ _ _ _ _ _ _ _   _ _ _ _ _ _ _

Resolution:

Bezugszeichen	reference (B)
Anrede	salutation (U)
Mitarbeiter	employee (S)
Hauptteil	body of the e-mail (I)
Anhang	enclosure (N)
Empfänger	addressee (E)
Rückerstattung	reimbursement (S)
Betreffzeile	subject line (S)
Verkauf	sale (E)
Umsatz	turnover (N)
Möglichkeit	possibility (G)
Akte	file (L)
Lager	warehouse (I)
Wachstum	growth (S)
Zinsen	interest (H)

Solution:

BUSINESS ENGLISH

Match the English expressions with their German translation. The letters will form a solution!

Absatz	serious (L)
Paragraf	boss (H)
seriös	trustworthy (G)
ernst	formula (S)
Formular	chef (C)
Formel	section (N)
Koch	form (I)
Chef	paragraph (E)
Leistung	insolvent (E)
Nachricht	asset (R)
Vermögenswert	manager (N)
Schulden	output (L)
zahlungsunfähig	debt (N)
Geschäftsführer	message (E)

Solution:

-------- ------

Resolution:

Absatz	paragraph (E)
Paragraf	section (N)
seriös	trustworthy (G)
ernst	serious (L)
Formular	form (I)
Formel	formula (S)
Koch	chef (C)
Chef	boss (H)
Leistung	output (L)
Nachricht	message (E)
Vermögenswert	asset (R)
Schulden	debt (N)
zahlungsunfähig	insolvent (E)
Geschäftsführer	manager (N)

Solution:

ENGLISCH LERNEN

Match the English expressions with their German translation. The letters will form a solution!

Notiz	replacement (S)
Verlust	retail trade (S)
Entwicklung	value (I)
Wert	loss (U)
Betriebskosten	deadline (E)
Abgabetermin	operating cost (N)
Einzelhandel	development (S)
Ersatz	note (B)
Aktionär	lawyer (T)
Beschwerde	result (R)
Marke	unit price (N)
Anwalt	conversion (E)
Stückpreis	complaint (A)
Konvertierung	shareholder (P)
Ergebnis	brand (R)

Solution:

-------- -------

Resolution:

Notiz	note (B)
Verlust	loss (U)
Entwicklung	development (S)
Wert	value (I)
Betriebskosten	operating cost (N)
Abgabetermin	deadline (E)
Einzelhandel	retail trade (S)
Ersatz	replacement (S)
Aktionär	shareholder (P)
Beschwerde	complaint (A)
Marke	brand (R)
Anwalt	lawyer (T)
Stückpreis	unit price (N)
Konvertierung	conversion (E)
Ergebnis	result (R)

Solution:

BUSINESS PARTNER

E-MAILS AUF ENGLISCH

1. Tipps

- Halte die Sätze kurz und einfach, das ist vor allem bei E-Mails wichtig

- Übersetze niemals direkt aus dem Deutschen denn das gibt im Englischen meist wenig Sinn

- Verwende am besten die im Folgenden vorgegebenen Phrasen und nicht irgendwelche ausgedachten

- Ziehe deine E-Mails nicht unnötig in die Länge

- Wenn der Betreff deiner E-Mail nicht allzu dringend ist, schreibe sie nicht zu unmöglichen Zeiten

- Schreibe Geschäftsmails niemals mit deiner privaten E-Mail Adresse, sondern mit deinem Firmenaccount

2. Anrede

Sehr geehrter Herr	Dear Mr
Sehr geehrte Frau	Dear Ms
Sehr geehrte Damen und Herren	Dear Sir or Madam
Lieber Peter	Dear Peter
Liebe Lisa	Dear Lisa
Sehr geehrter Herr Hill, ich hoffe es geht Ihnen gut	Dear Mr Hill, I hope you're well
Hallo zusammen	Dear all
Hallo	Hi there
Hallo	Hello / Hi
Hey Tom	Hey Tom

Tipp: Verwende die Anreden mit „Dear" nur bei sehr formellen E-Mails.

3. Informationen anfragen

Ich wäre an weiteren Informationen über... interessiert.	I would be interested to find out more about...
Könnten Sie mir... senden	Please could you send me...
Ich wäre Ihnen sehr dankbar, wenn Sie mir einige Informationen bezüglich... zusenden könnten.	I would be grateful if you would send me some information on...
Ihre Produkte	your products
Ihre Dienstleistungen	your services
Ihre Konditionen	your conditions
Ihre Öffnungszeiten	your opening time
Lagerliste	stock list
Ihre aktuelle Preisliste	your current price list
Lebensmittel	groceries
Haushaltswaren	household goods
Textilien	textiles

4. Termin vereinbaren

Könnten wir uns zum Mittag treffen, um diese Thematik genauer zu besprechen?	Would you like to get together for lunch to discuss this in person?
Ich würde gerne die Gelegenheit nutzen, Sie persönlich zu treffen.	I would welcome the opportunity to meet with you in person.
Es wäre schön, wenn wir uns mal treffen könnten.	It would be great if we could arrange to meet sometime.
Wann passt es Ihnen diese Woche?	When are you free this week?
Wollen wir uns am Freitag zum Mittagessen treffen?	Want to meet for lunch on Friday?
Wo wollen wir uns treffen?	Where shall we meet?
Besprechung arrangieren	arranging meeting
Könnten wir dafür ein anderes Mal telefonieren?	Could we do this on the phone another time?
Wann könnten wir telefonieren?	When could we talk on the phone?

5. Etwas anfordern

Würden Sie...	Would you...
Könnten Sie...	Could you...
Ich wollte...	I just wanted to...
Ich wäre Ihnen dankbar, wenn Sie...	I would be grateful if you would...
Es wäre toll, wenn Sie...	It would be great if you would...
Ich freue mich Ihnen mitteilen zu können, dass...	I am pleased to inform you that...
Könnten Sie mir Ihre Kontaktdaten zusenden?	Could you send me your contact details?
Ich brauche noch Ihre Telefonnummer.	I need your phone number.
Könnten Sie mir Ihre aktuelle Preisliste zuschicken?	Could you send me your current price list?
Könnten wir eine Probebestellung arrangieren?	Could we arrange a trial order?

6. Jemanden einladen

Würden Sie gerne...	Would you like to...
Sie sind herzlich eingeladen zu...	You are warmly invited to...
Ich würde mich sehr freuen, wenn Sie unserer Einladung zu... folgen würden.	I would be delighted if you would join us for...
Ich möchte Sie gerne zu einem Geschäftsessen einladen.	I would like to invite you to a business lunch.
Geschäftsessen	business lunch
Sie können gerne zu uns nach Frankfurt kommen und sich unser Büro ansehen.	You are welcome to visit us in Frankfurt and take a look at our office.
Firmenfeier	company party
Einladung	invitation
Ich lade Sie hiermit herzlich zu unserem nächsten Verkäufer-Seminar ein.	I would like to invite you to our next sales seminar.
Besprechung	meeting

7. Sich bedanken

Vielen Dank für...	Thank you so much for...
Ich bin zutiefst dankbar für...	I am deeply grateful for...
Ich möchte Ihnen meinen tiefen Dank aussprechen für...	I would like to express my sincere thanks for...
Ich bin Ihnen sehr dankbar.	I am very grateful to you.
Das ist sehr nett von Ihnen.	That's very kind of you.
Vielen Dank im Voraus.	Many thanks in advance.
Vielen Dank für Ihre Bemühungen.	Many thanks for your efforts.
Dankeschön	thank you
Danke	thanks
Ich wäre Ihnen sehr Dankbar, wenn Sie... machen könnten.	I would be very grateful if you could do...

8. Schlussformeln

Ich freue mich darauf, mit Ihnen zukünftig zusammenzuarbeiten.	I look forward to working with you in the future.
Bitte rufen Sie mich an, wenn Sie weitere Informationen benötigen.	Please feel free to call me if you require any further information.
Wenn Sie weitere Fragen haben, zögern Sie bitte nicht, mich zu kontaktieren.	If you have any further questions, please do not hesitate to contact me.
Mit freundlichen Grüßen	Yours sincerely
Mit freundlichen Grüßen	Yours faithfully
Mit freundlichen Grüßen	Sincerely yours
Mit freundlichen Grüßen aus Berlin	With kind regards from Berlin
Viele Grüße	Kind regards
Beste Grüße	Best regards
Vielen Dank!	Cheers / Thanks

9. Beispiel E-Mail

Dear Adam,

I have some questions regarding your new marketing idea.
I would like the opportunity to meet you in person.
When are you free this week?

I would like to write to you here to let you know what comments I have come up with:

1. On page 23 of the brochure you sent out to everyone, you mention that you were also thinking of virtual learning rooms. What exactly do you mean by this? Could you explain this in more detail?
2. What costs do you expect after the first year?
3. What risks do you see in implementing this new strategy?
4. Are there any agencies working with you on this yet?

Please feel free to call me if you require any further information.

Kind regards,

Samuel Roberts

Senior Sales Manager

TELEFONATE AUF ENGLISCH

1. Tipps

- Sei nicht unnötig aufgeregt, um Fehler zu vermeiden
- Lerne einige Phrasen, welche im Folgenden aufgelistet sind, auswendig
- Sage anfangs deutlich und nicht zu schnell wer du bist und was der Grund des Anrufes ist
- Du solltest wenigstens deinen Namen und den Namen deines Unternehmens buchstabieren können
- Höre deinem Gesprächspartner gut zu und sei aufmerksam
- Ein leichtes lächeln während du redest kann für eine positive Atmosphäre sorgen

2. Anruf entgegennehmen

(Firmenname) (dein Name), wie kann ich Ihnen behilflich sein?	(Company name) (your name) speaking, how can I help you?
(Firmenname) (dein Name) am Apparat	(Company name) (your name) speaking
(Firmenname) (dein Name), guten Morgen	Good morning (company name) (your name)
(Firmenname) (dein Name), guten Abend	Good afternoon (company name) (your name)

Next step

Worum geht es, bitte?	What does it concern, please?
Wen möchten Sie sprechen?	Who would you like to speak to?
Bleiben Sie dran, ich verbinde.	Hold the line, I'll put you through.
... ist nicht im Büro.	... is not in the office.
... ist bereits in einem Gespräch.	... is speaking on another line.

3. Anruf tätigen

Hallo, hier spricht (dein name) von (Firmenname)	Hello, this is (your name) from (your company)
Ich habe mich gefragt ob sie mir weiterhelfen könnten, ich habe ein Problem.	I was wondering if you could help me, I have a problem.
Ich habe mich gefragt ob sie mir weiterhelfen könnten, ich habe eine Frage.	I was wondering if you could help me, I have a question.
Könnten Sie mir sagen...	Could you tell me...
Ich rufe an, wegen...	I am calling about...
Ich wollte nur fragen...	I just wanted to ask...
Entschuldigung, ich muss mich verwählt haben.	Sorry, I must have dialled the wrong number.
Könnte ich bitte ... sprechen?	Could I speak to ..., please?
Könnten Sie ... bitten, mich zurückzurufen?	Could you ask ... to call me back?
Wissen Sie, wann ... wieder erreichbar ist?	Do you know when ... will be available again?

4. Mögliche Probleme

Die Verbindung ist sehr schlecht.	The line is very bad.
Ich kann Sie kaum verstehen.	I can hardly hear you.
Könnten Sie das bitte wiederholen?	Could you repeat that, please?
Könnten Sie bitte etwas lauter sprechen?	Could you speak a little louder, please?
Könnten Sie bitte etwas langsamer sprechen?	Could you speak a little slower, please?
Das habe ich nicht verstanden.	I didn't get that.
Wie bitte?	Sorry?
Könnten Sie das bitte buchstabieren?	Could you spell that, please?
Ich glaube ich habe hier schlechtes Netz.	I think I got a bad line here.
Ich rufe Sie gleich nochmal an.	I will call you right back.

5. Small-Talk am Telefon

Hey, wie geht es Ihnen?	Hey, how are you?
Oh das ist aber schade.	Oh, that's too bad.
Gute Besserung.	Get well soon.
Danke, gut.	Fine, thanks.
Mir geht es fantastisch. Wie ist es mit Ihnen?	I feel fantastic. How about you?
Wie war...?	How was the...?
Wie geht es voran mit...?	How are you getting on with...?
Schön, Sie kennenzulernen.	Nice to meet you.
Wie ist das Wetter bei Ihnen?	How is the weather with you?
Ein schöner Tag, nicht wahr?	Beautiful day, isn't it?
Schön von Ihnen zu hören.	Nice to hear from you.
großartig	great
schön	nice

6. Anruf beenden

Danke für Ihren Anruf.	Thank you for calling.
Bis demnächst.	Speak to you soon.
Grüßen Sie bitte...	Give my regards to...
Gibt es sonst noch etwas, was ich für Sie tun kann?	Is there anything else I can do for you?
Haben Sie noch Fragen?	Do you have any questions?
Machen Sie es gut, tschüss.	Take care, bye bye.
Vielen Dank für Ihren Anruf.	Thanks for your call.
Danke für Ihre Zeit.	Thank you for your time.
Ich wünsche Ihnen noch einen schönen Tag.	Have a nice day.
Auf Wiedersehen.	See you.
Tschüss	bye bye

7. Tipp

Vor allem bei einem Telefonat ist es wichtig, das Gespräch am Laufen zu halten. Bei manchen Gesprächspartnern ist es empfehlenswert, einen kleinen Small-Talk aufzubauen, bevor man in das Business eintaucht.
Hierbei ist es wichtig, dass du auf Fragen nicht mit einem einfachen Yes oder No antwortest, sondern einen ganzen Satz bildest und deine Antwort am besten noch begründest.

Auch solltest du beachten, dass du keine geschlossenen Fragen wie „Do you like Frankfurt?“ stellst. Frage stattdessen lieber „What have you seen of Frankfurt so far?“.
Somit verhinderst du, dass dein Gesprächspartner auf die Idee kommt deine Frage mit Yes oder No zu beantworten.

Beispiel-Telefonat Mitarbeiter und Chef

Im folgenden Telefonat diskutieren ein Mitarbeiter und ein Vorgesetzter gemeinsam eine neue Form der Arbeitszeitdokumentation. Es wurde als Projekt ein Programm eingeführt, mit welchem die Arbeitszeiten der Mitarbeiter erfasst werden sollen. Die Einführung dieser neuen Zeiterfassung wird aktuell noch erprobt und es gibt hierbei einige Probleme. Der Mitarbeiter hat Schwierigkeiten mit diesem neuen System und nutzt das Telefonat, um seinem Unmut über die Veränderung Luft zu machen und einige gezielte Fragen zu stellen.

Employee: Good morning, boss!

Boss: Good morning!

Employee: We had agreed that we would call again today because of the new software for recording working hours, as you won't be able to be on site in person.

Boss: Indeed. What issues are left to discuss?

Employee: So far, we have agreed on free working hours. You called it "confidential working hours", meaning that I would not record my overtime but that I could instead leave earlier once I am finished and would not have to write anything down. Why was this changed?

Boss: This is due to the new legal situation. All employees must now document their working hours because there may also be social security contributi-ons.

Employee: Okay, if this is now required by law, I understand. I do find this software terribly complicated regardless.

Boss: What about it do you find complicated?

Employee: I have to log in early and then start the time-recording. Every break I have to log out and then log in again and then enter my activities. That costs me valuable time. Entering the activities that I have done on that day is especially time-consuming.

Boss: You make a good point there. So it is time-consuming to fill everything in?

Employee: Yes, exactly.

Boss: You can shorten the process of entering the activities. Unfortunately, it is also necessary to briefly sketch out the respective tasks but on the left side of the screen you will see a list of suggested activities in the software which you can click on. So here you would not necessarily have to write something yourself but instead you can click on what applies. For example, there is a choice of activities: file work, scheduling, commercial activities and more. All you have to do is click on the right thing, which saves time.

Employee: Okay, thanks. What about logging in and out during breaks? It's easy to miss that and then it tampers with the times.

Boss: It's very good of you to tell me this so honestly. I have already received similar feedback from other employees. Together with our HR manager, I have already considered whether we could use the terminals here.

Employee: The terminals?

Boss: Yes, the employees in production always log off and log on at the terminal in the factory floor and perhaps we could install such a terminal for you and the other commercial employees, where you only have to hold up your card briefly. This would eliminate the need to log on and off at the PC.

Employee: Where would this terminal be located then? Would I always have to go there first?

Boss: It would be right outside your door.

Employee: Oh, that would be convenient.

Boss: We're still reviewing this as we'd have to order a new terminal first.

Employee: Yes, okay. When will it be ready?

Boss: I think we'll know more in a week.

Employee: That sounds good. Thanks a lot!

Boss: Sure, I'll keep you posted. Have a nice day and see you on Monday for the meeting!

Employee: See you then!

Hier alles auf Deutsch:

Mitarbeiter: Guten Morgen, Chef!

Chef: Guten Morgen!

Mitarbeiter: Wir hatten vereinbart, dass wir heute nochmal wegen der neuen Software zur Arbeitszeiterfassung telefonieren, da Sie nicht persönlich vor Ort sein können.

Chef: Genau, wo gibt es da noch Probleme?

Mitarbeiter: Bisher hatten wir ja eine freie Arbeitszeit vereinbart. Sie nannten das auch Vertrauensarbeitszeit, also dass ich meine Überstunden nicht aufschreibe, aber dass ich auch eher gehen kann, wenn ich fertig bin und nichts aufschreiben muss. Warum wurde das geändert?

Chef: Das liegt an der neuen Gesetzeslage. Es müssen nun alle Mitarbeiter ihre Arbeitszeiten dokumentieren, weil es hier auch Nachfragen der Sozialversicherungen geben kann.

Mitarbeiter: Ok, wenn das nun gesetzlich vorgeschrieben ist, sehe ich das ein. Aber ich finde diese Software furchtbar kompliziert.

Chef: Was ist daran für Sie kompliziert?

Mitarbeiter: Ich muss mich früh einloggen und dann die Zeiterfassung starten, bei jeder Pause muss ich mich abmelden und wieder anmelden und dann noch meine Tätigkeiten eintragen. Das kostet für mich unnötig Zeit. Insbesondere ist es für mich aufwändig, extra einzutragen, welche Tätigkeiten ich heute gemacht habe.

Chef: Sie sprechen da einen guten Punkt an, es ist also zeitraubend, alles auszufüllen?

Mitarbeiter: Ja genau.

Chef: Das Eintragen der Tätigkeiten können Sie abkürzen. Es ist leider auch nötig, die jeweiligen Aufgaben kurz zu skizzieren, aber auf der linken Seite des Bildschirmes sehen Sie in der Software eine Liste mit vorgegebenen Tätigkeiten, die Sie anklicken können. Hier müssen Sie also nicht unbedingt etwas selbst schreiben, sondern können da anklicken, was zutrifft. Beispielsweise steht dort zur Auswahl: Aktenarbeit, Terminplanung, kaufmännische Tätigkeiten und mehr. Hier müssen Sie nur das Passende anklicken, das spart Zeit.

Mitarbeiter: Ok, danke. Was ist denn mit dem

Anmelden und Abmelden bei den Pausen? Das vergisst man leicht und dann stimmen die Zeiten nicht mehr.

Chef: Ich finde es sehr gut, dass Sie mir das so ehrlich sagen. Ich habe von anderen Mitarbeitern auch schon ähnliche Rückmeldungen bekommen. Gemeinsam mit unserem Personalverantwortlichen habe ich bereits überlegt, ob wir hier die Terminals nutzen können.

Mitarbeiter: Die Terminals?

Chef: Ja, die Mitarbeiter in der Produktion melden sich immer am Terminal in der Werkhalle ab und an und wir könnten vielleicht für Sie und die anderen kaufmännischen Mitarbeiter auch ein solches Terminal installieren, an welches Sie nur kurz Ihre Karte halten müssen. Dadurch entfällt das Anmelden und Abmelden am PC.

Mitarbeiter: Wo würde dann das Terminal stehen? Muss ich dann immer erst dahin gehen?

Chef: Das käme direkt vor Ihre Tür.

Mitarbeiter: Achso, das wäre ja praktisch.

Chef: Wir prüfen das noch, weil wir dann auch erst ein neues Terminal bestellen müssen.

Mitarbeiter: Ja, ok. Bis wann wäre das denn fertig?

Chef: Ich denke, in einer Woche wissen wir mehr.

Mitarbeiter: Das klingt gut. Vielen Dank!

Chef: Gern, ich halte Sie auf dem Laufenden und wünsche Ihnen noch einen schönen Tag. Wir sehen uns am Montag zur Besprechung!

Mitarbeiter: Bis dahin!

Beispiel-Telefonat zwischen zwei Mitarbeitern

Zwei Krankenpfleger (Mitarbeiter A und B) telefonieren miteinander, da Mitarbeiter A noch einen Befundbericht für einen Patienten von Mitarbeiter B benötigt. Mitarbeiter B tippt die Befunde, welche die Ärzte zuvor diktiert haben ab und ist somit für das Schreiben der Berichte zuständig.

Employee A: Hello, this is nurse Ines from the gastroenterology ward.

Employee B: Hello Ines, this is nurse Manuel.

Employee A: Hey Manuel, I am still looking for a report.

Employee B: From whom? In regard to which patient?

Employee A: From Mr Müller.

Employee B: I have several patients here called Müller, which one is it exactly?

Employee A: Hold on, I'll have another look at..... Yes, that was Mr Sebastian Müller.

Employee B: Sebastian Müller - ok, so I have several reports here. Firstly, he was in the emergency room, I have a report on that. Then he was moved to the ward for internal medicine and finally to the day unit. So I have three reports here, which one do you need?

Employee A: I need the final report. Mr Müller will be discharged later and he is meant to go to the specialist in his hometown this afternoon and he urgently needs the final report with all the findings from the individual wards.

Employee B: Okay, I see. Unfortunately I haven't finished typing that one up yet.

Employee A: When will it be ready? The discharge is at 3 pm, so in two hours.

Employee B: I'll have it ready by then.

Employee A: Great, can you send it to me by e-mail? Then I'll print it out and give the patient the report right away.

Employee B: Yes, I will do that!

Employee A: I'm sorry for pushing you so hard. But he should also see the outpatient specialist today who needs to know what has been done with the patient and most importantly, what medication our doctors have administered here.

Employee B: Don't worry. I know what it's like sometimes!

Employee A: Thank you very much Manuel. I shall be waiting for your mail then.

Employee B: Take care!

Employee A: Speak to you soon!

Und hier auf Deutsch:

Mitarbeiter A: Hallo, hier ist Krankenschwester Ines von der Station für Gastroenterologie.

Mitarbeiter B: Hallo Ines, hier ist Krankenpfleger Manuel.

Mitarbeiter A: Hey Manuel, ich suche noch einen Befundbericht.

Mitarbeiter B: Von wem denn? Also von welchem Patienten?

Mitarbeiter A: Von Herrn Müller.

Mitarbeiter B: Ich habe hier mehrere Patienten, die Müller heißen, welcher ist es denn genau?

Mitarbeiter A: Moment, ich schaue nochmal nach….ach ja, das war der Herr Sebastian Müller.

Mitarbeiter B: Sebastian Müller – ok, also ich habe hier mehrere Befundberichte. Der war nämlich erst in der Notaufnahme, da habe ich einen Bericht, dann war er auf der Station für innere Medizin und zuletzt in der Tagesklinik. Ich habe also drei Berichte, welchen benötigst du?

Mitarbeiter A: Ich bräuchte den Abschlussbericht. Der Herr Müller wird nämlich nachher entlassen und er soll gleich heute Nachmittag zum Facharzt in seinem Heimatort, der braucht dringend den Abschlussbericht mit allen Befunden der einzelnen Stationen.

Mitarbeiter B: Ok, verstehe. Den habe ich leider noch nicht ganz fertig getippt.

Mitarbeiter A: Wann wird der denn fertig sein? 15 Uhr ist die Entlassung, also in zwei Stunden.

Mitarbeiter B: Bis dahin habe ich ihn fertig.

Mitarbeiter A: Super, kannst du mir den Bericht dann gleich per Mail senden? Dann drucke ich ihn aus und gebe ihn dem Patienten gleich mit.

Mitarbeiter B: Ja, das mache ich!

Mitarbeiter A: Tut mir leid, dass ich dich da so drängle. Aber er soll eben heute auch gleich zum ambulanten Facharzt und der muss ja wissen, was mit dem Patienten gemacht wurde und vor allem, welche Medikamente unsere Ärzte hier verabreicht haben.

Mitarbeiter B: Kein Problem. Ich weiß ja, wie das manchmal so ist.

Mitarbeiter A: Vielen Dank lieber Manuel. Dann warte ich auf deine Mail.

Mitarbeiter B: Mach's gut!

Mitarbeiter A: Bis bald!

Beispiel-Telefonat zwischen Sekretärin und Manager

Hier findest du ein Beispiel für ein Telefonat zwischen der Sekretärin und einem Manager. Die Sekretärin teilt dem Manager Aufgaben und anstehende Termine mit.

Secretary: Good morning, boss!

Manager: Good morning Mrs Schmidt!

Secretary: You are probably still on the train on your way here. Do you feel ready for the day?

Manager: Oh yes, thanks for asking, I'm fine!

Secretary: I'm glad. I'm calling to let you know about all the appointments for today as there have been a few changes.

Manager: Yes, please!

Secretary: Well, the calendar originally contained an appointment with the crafts company we had commissioned to furnish our new office. They contacted us and said that they wouldn't be coming until noon now. So I postponed the appointment.

Manager: Wasn't the lawyer from the Meier company meant to come to us at 12 noon?

Secretary: Yes, I moved him to 1 pm. He was quite happy with that, because he had a very full schedule today and if he just has to be with us for 1 pm, he said he would be able to have lunch before then.

Manager: Oh yes, funny! Otherwise he may starve.

Secretary: That's right, we don't want a hungry lawyer.

Manager: So what happens in the afternoon?

Secretary: So the report on project X - you need to finish it by 4 pm and send it to the authorities.

Manager: Yes.

Secretary: At 6 pm, your last appointment, Mrs Seifert from the advertising agency will be coming back.

Manager: What does she want?

Secretary: She wants to discuss the designs for the new posters with you.

Manager: Oh, are they already finished?

Secretary: I'm not sure, I would have to ask our Public Relations Officer. I can do that later.

Manager: No, I'll call him right away. You do not have to do that.

Secretary: Okay.

Manager: By the way, I'd like you to pick up my suit from the dry-cleaners.

Secretary: Sure. When do you need it by?

Manager: Not until tomorrow, so you can pick it up during the day.

Secretary: I'll happily do that.

Manager: Thank you very much!

Secretary: Is there anything else we should discuss?

Manager: No, I can't think of anything else for now.

Secretary: Then I'll see you at 12 noon the latest for the appointment with the crafts company.

Manager: Right, see you later!

Secretary: See you later!

Hier alles auf Deutsch:

Sekretärin: Guten Morgen, Chef!

Manager: Guten Morgen Frau Schmidt!

Sekretärin: Sie sind bestimmt noch im Zug auf dem Weg hier her. Fühlen Sie sich fit für den Tag?

Manager: Oh ja, danke der Nachfrage, es geht mir gut!

Sekretärin: Das freut mich. Ich rufe an, um Ihnen alle Termine für heute durchzugeben. Da gab es nämlich ein paar Veränderungen.

Manager: Ok, gerne.

Sekretärin: Also im Kalender stand ursprünglich ein Termin mit der Handwerksfirma, die wir für die Einrichtung unseres neuen Büros beauftragt hatten. Die haben sich bei uns gemeldet und haben gesagt, dass sie erst um 12 Uhr kommen. Daher habe ich den Termin verschoben.

Manager: Sollte um 12 nicht der Anwalt von der Firma Meier zu uns kommen?

Sekretärin: Ja, den habe ich daher verschoben auf 13 Uhr. Das war ihm ganz recht, weil er heute einen sehr vollen Terminplan hatte und wenn er erst 13 Uhr bei uns ist, hat er gesagt, kann er vorher noch Mittagspause machen.

Manager: Ach ja, lustig, sonst verhungert er uns noch.

Sekretärin: Stimmt, einen hungrigen Anwalt wollen wir nicht haben.

Manager: Wie geht es dann nachmittags weiter?

Sekretärin: Also den Bericht zum Projekt X, den müssen Sie bitte bis 16 Uhr fertigstellen und an die

Behörde senden.

Manager: Ja.

Sekretärin: Und um 18 Uhr, das ist der letzte Termin, kommt nochmal Frau Seifert von der Werbeagentur.

Manager: Was möchte Sie denn?

Sekretärin: Sie will mit Ihnen die Entwürfe für die neuen Plakate durchgehen.

Manager: Achso, sind die denn schon fertig?

Sekretärin: Da bin ich mir nicht sicher, da müsste ich bei unserer Presseverantwortlichen nachfragen. Das kann ich gern nachher machen.

Manager: Nein, ich rufe da gleich mal an. Sie müssen das nicht machen.

Sekretärin: Ok.

Manager: Ach ja, ich bitte Sie, dass Sie noch meinen Anzug bei der Reinigung abholen.

Sekretärin: Gern. Bis wann brauchen Sie ihn?

Manager: Erst morgen. Also es reicht, wenn Sie den Anzug im Laufe des Tages abholen.

Sekretärin: Das mache ich gern.

Manager: Haben Sie vielen Dank!

Sekretärin: Gibt es noch etwas, was wir besprechen sollten?

Manager: Nein, mir fällt erst einmal nichts weiter ein.

Sekretärin: Dann sehen wir uns spätestens 12 Uhr beim Termin mit den Handwerkern.

Manager: Genau, bis nachher!

Sekretärin: Bis nachher!

8. Übung

Choose the right answer!

1. If someone asks for you by name on the phone, say…

a) it is I.
b) this is him.
c) speaking.

2. What is a polite way to ask for someone's name?

a) What's your name?
b) Who is calling, please?
c) Who are you?

3. If you want the caller to wait, it is polite to say,

a) Hang on, please.
b) Wait, please.
c) Hold the line, please.

4. How would you say the following on phone? 7,5%

a) seven dot five percent
b) seven dot five per mill
c) seven point five percent

5. Which of the following phrases could you use to end a call?

a) Thank you for calling. Bye.
b) I am going now. Bye.
c) Could you hang up, please? Bye.

Here you can find the right answers!

1. If someone asks for you by name on the phone, say…

c) speaking.

2. What is a polite way to ask for someone's name?

b) Who is calling, please?

3. If you want the caller to wait, it is polite to say,

c) Hold the line, please.

4. How would you say the following on phone? 7,5%

c) seven point five percent

5. Which of the following phrases could you use to end a call?

a) Thank you for calling. Bye.

9. Dos

- be polite
- speak clearly
- speak loud
- be helpful
- make notes
- create a positive atmosphere (smile)
- interrupt for explanation
- take care with your pronouncation

10. Don’ts

- over politeness
- avoid „cow sound“ (ehm, hmm…)
- don’t use german words
- avoid using too many apologies
- don’t use slang

SMALL TALK

1. Begrüßung

Die meisten Leute stellen sich im englischen ihrem Gegenüber mit „My name is…“ vor. Im Business English sollte man jedoch stark und professionell auftreten. Sag also lieber „Good Morning!“ und wenn du deinem Gegenüber die Hand reichst sagst du deinen Vor- und Nachnamen. Um deine Begrüßung schön abzurunden sagst du nachdem du seinen Namen erfahren hast „Nice to meet you (his name)!“

Auf Deutsch sagt man oft „Hallo“ oder „Guten Morgen“ wenn man eine andere Person trifft. Amerikaner und Briten sagen an dieser Stelle oft „How are you?“. Sie wollen in diesem Fall jedoch keine ehrliche und ausführliche Antwort über dein Wohlbefinden. Sie meinen damit einfach nur das deutsche „Hallo“ oder „Guten Tag“. Eine kurze Antwort wie „Good. How are you?“ ist hier meist schon ausreichend.

Außerdem solltest du deinem Partner in die Augen schauen, doch starre ihn nicht an. Lächele leicht, um sympathisch zu erscheinen, grinse ihn jedoch nicht an.

2. Gespräch am Laufen halten

Wie bereits erwähnt solltest du offene Fragen stellen, damit dein Gegenüber nicht dazu tendiert mit Yes oder No zu antworten. Auch du selbst solltest nicht auf die Fragen deines Gesprächspartners mit Yes oder No antworten. Begründe am besten deine Antworten, um das Gespräch weiter anzukurbeln.

Wenn dein Partner etwas erzählt solltest du ihm zwischendurch positive Rückmeldungen wie „right“ oder „oh, that's interesting“ geben.

Weiterhin kannst du das Gespräch am Laufen halten, indem du deinem Partner einige Fragen stellst. Diese Fragen sollten natürlich der Beziehung, welche du zu dieser Person pflegst, angepasst sein.

Hier findest du einige Beispielfragen:

„Tell me more about your hobby.“
„How was your weekend?“
„You like working here?“
„How is your project going?“
„You like the working atmosphere as much as I do?“

3. Themen für einen Small Talk

Es gibt viele klassische Themen für einen Business-Small-Talk, du solltest bei der Wahl des Themas jedoch deinen englischen Wortschatz beachten, um Gesprächslücken zu vermeiden.

Am besten wählst du eines dieser Themen:

- Gesundheit („How have you been recently?“)
- Unterbringung („How is your hotel?“)
- Anreise („How was your flight?“)
- Wetter („How‘s the weather been here recently?“)

Bei letzterem solltest du unbedingt darauf achten, dass du fragst wie das Wetter **war**. Denn ihr wisst beide wie das Wetter **jetzt** ist.
Solche Fragen sind ein klassischer Small-Talk-Tod. Beachte bei deiner Themenwahl auf kulturelle und persönliche Hintergründe deines Gesprächspartners. Während des Small Talks in ein Fettnäpfchen zu treten ist besonders von Nachteil, wenn noch ein Meeting bevorsteht.

Beispiel-Small Talk zwischen zwei Mitarbeitern im Fahrstuhl

Im Folgenden findest du ein Beispiel für einen Small-Talk zwischen zwei Angestellten. Small-Talk ist sehr förderlich für ein gutes Arbeitsklima. Es geht einfach darum, sich informell auszutauschen und kurz zu plaudern. Gute Themen für einen Small-Talk sind wie bereits erwähnt die aktuelle Situation, Merkmale der Umgebung oder auch ganz belanglose Themen, wie das Wetter oder unverfängliche private Details. Es ist empfehlenswert, das Gespräch auf positive Themen zu lenken. Im nachfolgenden Beispiel wird das Wetter als triviales Thema genutzt und Mitarbeiter A bemüht sich, nicht nur Negatives am schlechten Wetter zu sehen.

Employee A: Hello Mr B! You look like you have just come from an external appointment?

Employee B: Yes, at the Neubert company. On the final bit from the car to here the rain got me really wet.

Employee A: That's right, it's been raining all day.

Employee B: Makes you a little sad.

Employee A: But it has its good sides.

Employee B: Like what?

Employee A: I think nature appreciates it!

Employee B: Yes, that's true.

Employee A: My garden had already become quite dry so I'm glad that I won't have to water it tonight.

Employee B: Yes.

Employee A: Do you have a garden?

Employee B: I only have a few plants on the balcony.

Employee A: So there is a little gardener hidden inside you!

Employee B: Maybe.

Employee A: Sometimes it's more difficult to arrange everything nicely on a balcony as there's not that much space.

Employee B: You're right, but I have a tub of geraniums and a fig tree and it looks quite lovely.

Employee A: I can imagine. The fig needs a lot of sun, doesn't it?

Employee B: Yes, the fig should stand in a semi-sunny spot. It should not get too much sun. And it must be watered often.

Employee A: A downpour like today is ideal then!

Employee B: Very true! I'll have to get off here, this is my floor. Have a nice day!

Employee A: Thank you, same to you!

Hier alles auf Deutsch:

Mitarbeite A: Hallo Herr B! Sie kommen wohl gerade von einem Außentermin?

Mitarbeiter B: Ja, von der Firma Neubert. Auf dem letzten Weg vom Auto hierher hat es mich ordentlich nass geregnet.

Mitarbeiter A: Stimmt, es regnet ja den ganzen Tag schon.

Mitarbeiter B: Macht einen wirklich ein wenig deprimiert.

Mitarbeiter A: Aber es hat auch sein Gutes.

Mitarbeiter B: Was denn?

Mitarbeiter A: Ich glaube, die Natur freut sich mal wieder über Regen.

Mitarbeiter B: Ja, das stimmt.

Mitarbeiter A: In meinem Garten war es schon recht trocken und ich freue mich auch etwas, dass ich heute Abend mal nicht gießen muss.

Mitarbeiter B: Ja.

Mitarbeiter A: Haben Sie einen Garten?

Mitarbeiter B: Ich habe nur ein paar Pflanzen auf dem Balkon.

Mitarbeiter A: Da schlummert also auch ein kleiner Gärtner in Ihnen.

Mitarbeiter B: Ein wenig.

Mitarbeiter A: Auf dem Balkon ist es ja manchmal besonders schwierig, alles hübsch zu bepflanzen, weil man wenig Platz hat.

Mitarbeiter B: Da haben Sie recht, aber ich habe da einen Kübel mit Geranien und einen Feigenbaum und das sieht sehr schick aus.

Mitarbeiter A: Das glaube ich Ihnen. Die Feige braucht viel Sonne oder?

Mitarbeiter B: Ja, halbsonnig soll die Feige stehen. Sie darf auch nicht zu viel Sonne abbekommen. Und gegossen werden muss sie auch oft.

Mitarbeiter A: Da ist so ein Regenguss wie heute doch ideal!

Mitarbeiter B: Ja klar! So, ich bin angekommen, dann wünsche ich Ihnen noch einen schönen Tag!

Mitarbeiter A: Danke, wünsche ich Ihnen auch!

VERHANDLUNGEN

Missglückte Geschäftstreffen mit US-amerikanischen Partnern sind keine Seltenheit. Oft entscheiden kleine Kommunikationsunterschiede darüber, ob ein Vertrag zustande kommt oder nicht. Selbst in Irland und Großbritannien gibt es kulturelle Unterschiede im Vergleich zu Deutschland.
Wer erfolgreich im englischsprachigen Ausland unterwegs sein will, sollte sich mit der dortigen Arbeitswelt und kulturellen Gegebenheiten auseinandersetzen.

Den Deutschen wird zum Beispiel nachgesagt, sie seien sehr direkt und konfrontativ. Dies ist für internationale Gesprächspartner jedoch oft eher abschreckend, da sie mehr eine indirekte Kommunikation gewöhnt sind. Sag also zum Beispiel anstatt „That's wrong!" lieber „Hmm... Are you sure?".

1. Verhandeln in den USA

US-Manager schätzen eine angenehme, persönliche Atmosphäre. Superlative wie „excellent“ oder „wonderful“ besitzen in Amerika eine nicht so starke Ausdrucksweise wie in Deutschland und können somit in ein Gespräch gut eingebaut werden. Doch unterschätze deinen Gegenüber nicht, US-amerikanische Partner sind meist sehr professionell und handeln nach einer kurzen Einleitung nach dem Motto – time is money.
Du solltest also nach dem Motto – keep it short and simple handeln und dich gut auf das Meeting vorbereiten.

Du solltest zu den Treffen immer pünktlich erscheinen, US-Partner haben einen knapp bemessenen Zeitplan. Auch solltest du gut vorbereitet sein, habe Zahlen und Diagramme für das Treffen parat.

Amerikaner legen nicht viel Wert auf Status oder Titel, versuche sie also nicht zu beeindrucken.
Halte dich bei Themen wie Hautfarbe, Religion oder Sexualität besser zurück. Auch solltest du Kritik an den USA oder deren Präsidenten vermeiden, die meisten US-amerikanischen Partner sind stolze Amerikaner.

Stelle dich auf einen begleitenden Juristen deines Partners ein, viele Dinge müssen in den USA schriftlich fixiert werden.

2. Verhandeln in England

In England spielt eine persönliche Sympathie eine große Rolle, denn diese sorgt für das gute Gefühl, fair behandelt zu werden. Bei Überrumpelung des englischen Partners kann das Geschäftstreffen schnell missglücken. Du solltest also fair und mit offenen Karten spielen.
Die Anrede mit Vornamen ist in England üblich und kein großer Vertrauensbeweis. Ein englischer Partner lädt zum Essen in ein Restaurant ein, sein Zuhause ist privat.
Als Deutscher sollte man sich in der Wortwahl sehr zurückhalten. Im Gegensatz zu den Amerikanern stapeln die Engländer eher tief. „Slight problems" könnten somit auch „serious problems" sein.

Der englische Humor ist für Deutsche sehr gewöhnungsbedürftig. Übertrieben gute Laune und flache Witze kommen im englischen Humor eher nicht vor. Sie benutzen oft intelligente Kommentare mit einem Hauch von Scherz dahinter. Um ein Gefühl für deren Humor zu bekommen, solltest du dir am besten einige englische Filme anschauen.

Beispiel Gehaltsverhandlung

Bei der Gehaltsverhandlung sind starke Argumente gefragt, mit denen du deinen Wunsch untermauerst, mehr Geld für deine Arbeit zu erhalten. Hier solltest du weder außerbetriebliche Gründe ins Feld führen noch einen Vergleich mit Kollegen anführen. Besser ist es, eigene Erfolge zu betonen und auch zu benennen, welche Arbeitsleitungen du zukünftig erbringen möchtest. Oft fällt besonders der Einstieg schwer. Hier ist es am besten, mit dem Vorgesetzten einen expliziten Termin zu vereinbaren, um das wichtige Gespräch nicht zwischen Tür und Angel zu führen. Dies kann etwa nach dem Abschluss eines wichtigen Projekts sein. Das folgende Beispiel zeigt dir, wie du dann beim Gehaltsgespräch vorgehen kannst.

Employee: I have now been working for this company for four years and I enjoy my work very much. Last week we successfully completed a major project in which I played a decisive role in it. How would you rate my performance here? How do you assess what I bring to the company?

Executive: I am very pleased with your work and I hope that you would like to work on other, similar projects.

Employee: That means you are satisfied with me?

Executive: Very satisfied!

Employee: I appreciate your confidence in my work. I would like to work on other similar projects and develop myself further. I would also like to discuss adjusting my salary based on my performance. I currently earn 2,500 euros a month. What salary would you consider appropriate should I continue working on similarly demanding projects?

Executive: I already thought you might ask for a salary increase, I understand. But you already are one of the employees in this company who earn a relatively high salary. After all, you only have a part-time position here.

Employee: That's right, I am very satisfied with my part-time position. In order to bring in as much knowhow as possible, I have completed extensive training recently, which the other employees have not done. This is why I don't think that my pay is quite adequate.

Executive: Well, you haven't had a pay rise here, that's true.

Employee: Exactly, that's why I'm coming to you now. I have further developed myself and would like to ask you for a new salary offer.

Executive: I could offer you a small pay rise of 50 euros per month.

Employee: Thank you very much for this offer. I appreciate your consideration. However, given the extensive qualifications I have acquired and my good performance in the project, I think that 100 euros would be more appropriate.

Executive: Unfortunately, I don't think this is possible. I appreciate your contributions very much, but 100 euros is not feasible. I could offer you a maximum of 60 euros as a compromise.

Employee: Are additional services already included in this?

Executive: Additional services?

Employee: I am grateful that you are trying to accommodate my request with a gross monthly wage increase of 60 euros - but the offer is still relatively far from the 100 euros I proposed. Perhaps you may consider additional benefits as a bonus, such as a monthly fuel voucher. That would be tax-free and does not involve social security contributions.

Executive: What amount were you thinking of?

Employee: 20 euros?

Executive: So a wage increase of 60 euros per month and the 20 euro fuel voucher on top of that?

Employee: Yes, I think that's reasonable in light of my performance and considering future tasks, even if we don't agree on the original offer.

Executive: Good, I think we can agree on that!

Employee: Thank you very much!

Und hier alles auf Deutsch:

Mitarbeiter: Inzwischen arbeite ich seit vier Jahren für dieses Unternehmen und habe auch viel Freude an meiner Arbeit. Vergangene Woche haben wir ein großes Projekt erfolgreich abgeschlossen, an dem ich entscheidend mitgewirkt habe. Wie bewerten Sie meine Leistung hier? Wie schätzen Sie das ein, was ich in das Unternehmen einbringe?

Chef: Ich bin sehr zufrieden mit Ihrer Arbeit und hoffe, dass Sie noch weitere ähnliche Projekte bearbeiten möchten.

Mitarbeiter: Das heißt, Sie sind mit mir zufrieden?

Chef: Sehr zufrieden!

Mitarbeiter: Daraus schließe ich, dass Sie mir einiges zutrauen. Ich möchte gern noch weitere vergleichbare Projekte bearbeiten und mich weiterentwickeln. Für meine Leistungen möchte ich Sie heute auch um eine Anpassung meines Gehalts bitten. Ich verdiene aktuell 2.500 Euro monatlich. Welches Gehalt sehen Sie als angemessen an, wenn ich auch weiterhin ähnlich anspruchsvolle Projekte meistere?

Chef: Ich habe mir schon gedacht, dass Sie nach einer Gehaltserhöhung fragen werden. Ich verstehe auch, dass Sie sich mehr Einkommen wünschen. Sie gehören im Unternehmen aber schon zu den Mitarbeitern, die relativ viel verdienen. Sie haben hier ja auch nur eine Teilzeitstelle.

Mitarbeiter: Das stimmt, mit meiner Arbeitszeit bin ich auch sehr zufrieden. Um dennoch möglichst viel

Know-how einzubringen, hatte ich in den vergangenen Monaten eine umfangreiche Weiterbildung absolviert, die andere Mitarbeiter nicht haben. Daher denke ich, dass meine Bezahlung nicht ganz angemessen ist.

Chef: Nun ja, Sie hatten hier noch gar keine Lohnerhöhung, das stimmt schon.

Mitarbeiter: Genau, darum komme ich nun zu Ihnen. Ich habe mich weiterentwickelt und möchte Sie daher um ein Gehaltsangebot bitten.

Chef: Ich denke, ich kann Ihnen eine kleine Lohnerhöhung von 50 Euro monatlich anbieten.

Mitarbeiter: Vielen Dank für dieses Angebot. Ich schätze Ihr Entgegenkommen. Allerdings denke ich, dass in Anbetracht meiner umfangreichen Qualifikationen, die ich erworben habe und meiner guten Leistungen bei dem Projekt, 100 Euro angemessen sind.

Chef: Das geht leider nicht. Ich schätze Ihre Leistungen sehr, aber 100 Euro sind nicht möglich. Ich kann Ihnen maximal als Kompromiss 60 Euro anbieten.

Mitarbeiter: Sind hierbei bereits Zusatzleistungen enthalten?

Chef: Zusatzleistungen?

Mitarbeiter: Über Ihr Entgegenkommen – die Lohnerhöhung von 60 Euro brutto monatlich – bin ich dankbar, aber das Angebot ist noch relativ weit weg von den von mir vorgeschlagenen 100 Euro. Vielleicht können Sie sich Zusatzleistungen als Bonus vorstellen, etwa ein monatlicher Tankgutschein, der ja steuerfrei ist und auf den auch keine Sozialversicherungsabgaben entfallen.

Chef: In welcher Höhe?

Mitarbeiter: 20 Euro?

Chef: Also eine Lohnerhöhung um 60 Euro monatlich und dazu noch der 20 Euro Tankgutschein?

Mitarbeiter: Ja, ich halte das angesichts meiner Leistungen und meiner zukünftigen Aufgaben für angemessen, auch wenn Sie mein ursprüngliches Angebot nicht teilen.

Chef: Gut, darauf können wir uns einigen!

Mitarbeiter: Vielen Dank!

3. Vokabeln

Verhandlung	negotiation
verhandeln	to negotiate
Preis	price
Gehalt	content
geschäftlich	commercial
Vertrag	contract
Unterschrift	signature
unterschreiben	to sign
vorschlagen	to suggest
Vorschlag	proposal
Gegenvorschlag	counterproposal
einerseits	on the one hand
andererseits	on the other hand
Argument	argument
Gegenargument	counter-argument
Standpunkt	point of view
Einigung	agreement
Kompromiss	compromise
akzeptieren	to accept

ablehnen	to reject
Aufgabe	task
Bedingung	condition
Abkommen	deal
Vorteil	advantage
Nachteil	disadvantage
teuer	expensive
günstig	cheap
überteuert	overpriced
überzeugen	to convince
Überblick	overview
zusammengefasst	summarized
sicher	sure
zustimmen	to agree
nicht zustimmen	to disagree
wiederholen	to repeat
möglich	possible
unmöglich	impossible
Lösung	solution
bevorzugen	to prefer

PRÄSENTIEREN AUF ENGLISCH

1. Tipps

- Bereite dich gründlich vor
- Übe deine Präsentation vor Freunden oder deiner Familie
- Fasse die wichtigsten Punkte abschließend nochmals zusammen
- Rede frei und spontan, ein einfaches Ablesen deines Textes langweilt das Publikum
- Benutze Gestik und Mimik
- Bereite dich auf mögliche Fragen des Publikums vor
- Überziehe deine vorgegebene Zeit auf keinen Fall und plane genug Zeit für Fragen
- Verwende zwischendurch rhetorische Fragen, um die Aufmerksamkeit deines Publikums zu wecken

2. Einleitung

Guten Morgen meine Damen und Herren. Mein Name ist Samuel Roberts und ich freue mich hier zu sein, um über... zu sprechen.	Good Morning ladies and gentlemen. My name is Samuel Roberts and I am delighted to be here to talk about...
Hallo allerseits, ich bin Martin von der Firma..., und heute möchte ich mit Ihnen über... sprechen.	Hello everyone, I'm Martin from the company... and today I would like to talk to you about...
Ich würde Ihnen gerne meinen Kollegen Sebastian Jung vorstellen.	I'd like to introduce my colleague Sebastian Jung.
Darf ich um Ihre Aufmerksamkeit bitten?	May I ask for your attention?
Wie bereits angekündigt, werde ich heute...	As announced earlier, today I will...
Ich werde nun mit meiner Präsentation starten und hoffe Sie können dabei einiges lernen.	I will now start with my presentation and hope you can learn a lot.

3. Das Thema angeben

Wie Sie alle wissen, werde ich heute mit Ihnen über... sprechen.	As you all know, today I'm going to talk to you about...
Heute möchte ich gerne... noch einmal erläutern.	Today I would like to outline...
Ich freue mich heute bei Ihnen zu sein um über... zu sprechen.	I'm delighted to be here today to tell you about...
Heute möchte ich gerne folgende Thematik besprechen...	Today I am here to talk to you about...
Ich möchte Ihnen heute unser Unternehmen vorstellen.	Today I would like to introduce our enterpri-se to you.
Heute werden Sie einiges über... lernen.	Today you will learn a lot about...
In meiner Präsentation geht es um...	My presentation is about...
Ich möchte eine kurze Präsentation über... halten.	I want to make a short presentation on...

4. Die Präsentation starten

Bevor ich beginne, weiß jemand von Ihnen...?	Before I start, does anyone know...?
Ich beginne mit einigen allgemeinen Informationen zu...	I will start with some general information on...
Zu Beginn möchte ich Ihnen einfach ein paar Hintergrundinformationen zu... geben.	I'd just like to give you some background information about...
Wie Ihnen sicherlich allen bekannt ist...	As you all know...
Ich starte mit...	I'll start with...
Zuerst werden wir die Basics zu diesem Thema besprechen.	First we will discuss the basics on this topic.
Lassen Sie mich zuerst erklären, warum...	First let me explain why...
Kommen wir nun zu meiner Präsentation.	Let's move on to my presentation.

5. Übergänge

zu Beginn	at the beginning
Das führt uns zu dem nächsten Punkt, nämlich...	This leads me to my next point, which is...
Okay, weiter geht's mit...	Right, let's move on to...
Ich würde nun gerne... anschauen.	I'd now like to look at...
als Nächstes...	next...
Das nächste Thema lautet...	The next topic is...
als Letztes	as a last
An dieser Stelle möchte ich noch kurz...	At this point, I'd just like to...
Nun etwas zum Thema...	Now something about...
Nochmal zurück zu...	Back to... again.
zunächst	initially
Um auf die Andeutung von eben zurückzukommen...	To return to the suggestion I made earlier...

6. Fragen zur Präsentation

Ich würde mich freuen, Ihre Fragen nun zu beantworten.	I will be happy to answer your questions now.
Hat jemand Fragen?	Any questions?
Haben Sie Fragen?	Do you have any questions?
Hat jemand Fragen zu meiner Präsentation?	Does anyone have questions about my presentation?
Wenn Sie Fragen haben, zögern Sie bitte nicht diese zu stellen.	If you have any questions, please don't hesitate to ask.
Wenn Sie Fragen zu... haben, können Sie diese jetzt stellen.	If you have questions about..., you can ask them now.
Falls Sie zwischendurch Fragen haben, unterbrechen Sie mich einfach.	If you have occasional-ly questions, simply interrupt me.
Uns stehen jetzt noch rund 10 Minuten für Fragen zur Verfügung.	We now have about 10 minutes for questions.

7. Rhetorische Fragen

Warum sage ich das?	Why do I say that?
Darf ich Ihnen eine Frage stellen?	May I ask you a question?
Wie gehen wir damit um?	How are we going to deal with this?
Aber was bringt uns das?	But what does that get us?
Wohin führt uns das?	Where does that take us?
Aber hilft uns das wirklich?	But does that really help us?
Also, was bedeutet das?	So, what does this mean?
Ist das ein gutes zeichen?	Is that a good sign?
Welche Schlussfolgerung können wir daraus ziehen?	What conclusion can we draw from this?
Was würden Sie machen, wenn...?	What would you do if...?
Was können wir tun, um...?	What can we do to...?

8. Grafiken zeigen

Lassen Sie mich dies anhand eines Diagramms erläutern.	Let me explain this with a diagram.
Auf dem nächsten Bild können Sie sehen...	On the next picture you can see...
Die Grafik zeigt...	The graphic shows...
Nun folgen einige Grafiken.	Now some graphics follow.
Wie Sie auf dem Bild sehen können...	As you can see in the picture...
Lassen wir die Bilder für sich sprechen.	Let the pictures speak for themselves.
Schauen Sie sich diese Grafik in Ruhe an.	Take your time to look at this graphic.
Hier ist noch ein Bild.	Here's another picture.
Diese Grafik unterstützt mein Argument.	This graphic supports my argument.
Dieses Bild zeigt deutlich, dass...	This picture clearly shows that...
Auch diese Grafik zeigt, dass...	This graphic also shows that...

9. Abschluss

So, das war es von meiner Seite. Vielen Dank!	Well that's it from me. Thanks very much!
Das bringt mich zum Ende meiner Präsentation. Vielen Dank für Ihre Aufmerksamkeit.	That brings me to the end of my presentation. Thank you for your attention.
Vielen Dank für Ihre Aufmerksamkeit.	Thank you for listening.
Vielen Dank für Ihr Interesse.	Thank you for your interest.
Vielen Dank für Ihre Aufmerksamkeit, es war mir eine Ehre heute hier zu sein.	Thank you all for listening, it was a pleasure being here today.
Zum Schluss möchte ich das Wichtigste noch einmal zusammenfassen.	In the end I would like to summarise the most important once again.
Ich möchte mich noch einmal bei... bedanken.	I would like to thank... once again.
Im Namen der... danke ich Ihnen für...	In the name of... I thank you for...
schließlich	finally

10. Elevator Pitch

Ein Elevator Pitch ist wie bereits erwähnt eine besondere Form der Präsentation. Diese stellt meist eine Geschäftsidee oder ein Produkt vor. Sie dauert nicht länger als 60 Sekunden und soll zum Beispiel:

- Interesse bei Investoren wecken
- Ein Produkt an Konsumenten verkaufen
- Deine Marke verbreiten

Für den Aufbau deines Elevator Pitches kannst du die AIDA-Formel verwenden. AIDA steht hierbei für „Attention-Interest-Desire-Action". Auf Deutsch bedeutet es „Aufmerksamkeit erzeugen-Interesse wecken-Verlangen auslösen-Handlung provozieren". Diese Tipps solltest du bei der Erstellung deines Elevator Pitches beherzigen:

- Bereits der erste Satz kann über Erfolg und Misserfolg entscheiden, beginne also mit einem starken Einstieg
- Komme direkt auf den Punkt, du hast nicht viel Zeit
- Thematisiere vorallem das Besondere und Einzigartige an deinem Produkt
- Sei begeistert und überzeugt von deinem Produkt
- Ende mit einem Call to Action und verteile Visitenkarten

Für einen Elevator Pitch steht nicht viel Zeit zur Verfügung. Es gilt, innerhalb kurzer Zeit die wichtigsten Inhalte der eigenen Idee darzustellen, denn schnell geht die Aufmerksamkeit des Zuhörers auch wieder verloren. Enthalten sein sollten eine kurze Vorstellung der eigenen Person und das Wecken von Begeisterung für die mitgebrachte Idee. Du stellst dein Angebot an das Gegenüber dar und präsentierst den Nutzen deiner Idee. Wie hebst du dich beispielsweise von der Konkurrenz ab? Letztendlich sollte auch erklärt werden, was du von deinem Gesprächspartner erwartest. Halte aber keinen Monolog, sondern baue 2-3 Pausen ein, um die Reaktionen deines Gegenübers abzuwarten. Entgegen seiner Bezeichnung wird der Elevator Pitch heute übrigens kaum noch im Fahrstuhl vorgetragen, wohl aber bei Messen oder Treffen mit Business-Kontakten, aber auch bei Vorstellungsgesprächen. Hier **ein Beispiel** aus der Welt der Software-Entwicklung – eine Unternehmerin möchte jemanden für eine Kooperation gewinnen.

My name is Maria Müller and 5 years ago, I launched a text agency. Many of my clients have a background in research and are looking for simple solutions to quickly turn interviews, long or short, into a text – like a transcription. I offer a software that transforms recordings of conversations, meetings or interviews into a written text applying methods of artificial intelligence.

Unlike other software that already exists in this field, our program can distinguish between the different speakers and reproduces the dialogue correctly according to the rules of scientific transcription. This means that users would not have to check everything again or add speakers manually. Even sections that are incomprehensible are reproduced correctly. Using other applications, you would have to do all this yourself.

To date, we have 20,000 satisfied customers from different fields. Students who have to transcribe interviews are also one of the target audiences for our application. We would also like to offer our software as an app for smartphones. Therefore, we would like to work with you as a leading company in app development and offer you a share of our sales with the said app in return.

Hier auf Deutsch:

Ich heiße Maria Müller und habe vor 5 Jahren eine Textagentur gegründet. Viele meiner Kunden kommen aus der Forschung und suchen einfache Lösungen, um auch lange Interviews schnell in einen Text zu verwandeln – zu transkribieren. Ich biete eine Software, die es ermöglicht, Aufnahmen von Gesprächen, Meetings oder Interviews dank Methoden der künstlichen Intelligenz in einen geschriebenen Text zu transformieren.
Anders als Software, die es auf diesem Gebiet bisher gibt, kann unser Programm verschiedene Sprecher unterscheiden und diese entsprechend der Regeln wissenschaftlicher Transkription korrekt wiedergeben. Nutzer müssen also nicht alles nochmal umständlich nachkontrollieren oder Sprecher von Hand nachtragen. Auch Abschnitte, die unverständlich sind, werden korrekt gekennzeichnet. Bei anderen Anwendungen muss man das alles selbst machen.
Bis heute haben wir 20.000 zufriedene Kunden aus der Forschung und Wirtschaft. Auch Studenten, die Interviews transkribieren müssen, sind eine Zielgruppe unserer Anwendung. Wir wollen unsere Software auch als App für das Smartphone anbieten. Deshalb möchten wir gerne mit Ihnen als führendes Unternehmen in der App-Entwicklung zusammenarbeiten und bieten Ihnen im Gegenzug eine Beteiligung an unseren Umsätzen mit der geplanten App.

Das **zweite Beispiel** – ein Hersteller von Futtermitteln möchte auf einer großen Verkaufsplattform gelistet werden und spricht bei dem Verantwortlichen der Plattform vor. Hierbei wird eine andere Art des Pitches verwendet, der mit Fragen an das Gegenüber arbeitet.

My name is Anton Meier. I am a food technician and together with a team of veterinarians, animal health practitioners and biologists I have developed a sensational, healthy feed for exotic small rodents. You may have already received inquiries from animal owners who keep exotic rodents - like gerbils -and are looking for a real, animal-friendly alternative to classic feed.
Our feed offers exactly that and is adapted to the natural way of life of these exotic mammals. We use high-quality seed mixtures, without additional components such as millet, oats or sunflower seeds. These are contained in every fodder available for small animals on the market, but are not at all suitable for exotic small rodents. This is because these special animals need low-fat food and special small seeds in order to not excessively gain weight.
We therefore rely on healthy herbal seeds, such as fennel and aniseed, chia seeds and grass seeds still hanging from the panicles. These ingredients support a healthy digestion in an animal-friendly way and can also be nibbled by the smaller rodents. We have extensively tested our products in longitudinal studies and have received all the necessary approvals animal feed requires. Now we would like to collaborate with you and offer our feed on your platform.

Hier auf Deutsch:

Mein Name ist Anton Meier. Ich bin Lebensmitteltechniker und zusammen mit einem Team aus Tierärzten, Tierheilpraktikern und Biologen habe ich ein sensationelles, gesundes Futter für exotische Kleinnager entwickelt. Vielleicht haben Sie auch schon Anfragen von Tierhaltern bekommen, die exotische Nager wie Rennmäuse halten und nach einer wirklich tiergerechten Alternative zu klassischen Futtermitteln suchen. Unser Futter bietet genau das und ist auf die natürliche Lebensweise dieser exotischen Säugetiere abgestimmt. Wir nutzen hochwertige Saatenmischungen und verzichten auf Bestandteile wie Hirse, Hafer oder Sonnenblumenkerne, die in jedem bisher auf dem Markt verfügbaren Kleintierfutter enthalten sind, sich für exotische Kleinnager aber überhaupt nicht eignen. Denn diese besonderen Tiere benötigen fettarmes Futter und spezielle kleine Saaten, um nicht übermäßig zuzunehmen. Wir setzen daher auf gesunde Kräutersamen, wie Fenchel und Anis, Chiasamen und noch an den Rispen hängende Grassamen, welche eine vitale Verdauung tiergerecht unterstützen und noch dazu langsam von den kleinen Nagern geknabbert werden. Das beugt einer übermäßigen Nahrungsaufnahme vor. Wir haben unser Produkt bereits umfangreich in Längsschnittstudien getestet und besitzen alle erforderlichen Zulassungen als Tierfuttermittel. Nun möchten wir gern mit Ihnen zusammenarbeiten und unser Futter auf Ihrer Plattform anbieten.

Bei einem Pitch muss es nicht unbedingt um ein Produkt oder ein Angebot gehen. Die kurze Vorstellung kann ebenso im Sinne einer Bewerbung erfolgen, wenn Sie sich beispielsweise auf einer Job-Messe einem Unternehmen vorstellen wollen. Hierzu ein Beispiel auf der folgenden Seite.

My name is Sabine Seifert and I am currently working as a store manager for a regional retail company. I would like to develop my skills further. For this purpose, I have completed additional training in marketing and PR communication. I have come here today, specifically for this event, to get to know you better.
I'm passionate about marketing. As a store manager, one of my tasks was to get the customers interested in new products or designing advertising campaigns. I can therefore offer your trading company years of professional experience and knowhow in working with agencies.
I would like to send you a detailed application and I am looking forward to the opportunity to introduce myself at an interview at your company.

Hier auf Deutsch:

Mein Name ist Sabine Seifert und ich ich arbeite derzeit als Marktleiterin bei einem regionalen Einzelhandelsunternehmen. Gern würde ich mich weiterentwickeln. Dazu habe ich eine Weiterbildung im Bereich Marketing und PR-Kommunikation absolviert. Heute bin ich extra hierher zur Messe gekommen, um Sie besser kennenzulernen.
Mich fasziniert die Arbeit in der Vermarktung und auch als Marktleiterin war es Teil meiner Aufgaben, das Interesse von Kunden für neue Produkte zu wecken oder Werbekampagnen zu konzipieren. Für Ihr Handelsunternehmen bringe ich daher jahrelange berufliche Erfahrung mit und auch Know-How in der Zusammenarbeit mit Agenturen.
Ich würde Ihnen gerne eine ausführliche Bewerbung zusenden und freue mich auf eine Möglichkeit, mich nochmals bei einem Gespräch in Ihrem Unternehmen vorzustellen.

11. Projektbeschreibung

Im Folgenden findest du ein Beispiel für eine Projektbeschreibung. In diesem Beispiel möchte eine Ergotherapeutin (Ergotherapiepraxis Müller in Mittelstadt) gemeinsam mit anderen Therapeuten in der Region, also mit anderen Ergotherapeuten, aber auch Logo- und Physiotherapeuten sowie Ernährungs- und Diabetesberatern, ein regionales Netzwerk bilden. Das Netzwerk trägt den Namen „Integrative Heilberufe Mittelstadt". Ziel ist es dabei, Patienten besser zu behandeln, gerade auch wenn diese mehrere „Baustellen" haben. Ein weiteres Ziel ist es, gemeinsam therapeutische Leistungen stärker für Firmen anzubieten, sodass beispielsweise das Thema betriebliche Gesundheitsförderung durch Angehörige der Heilberufe vorangetrieben wird.

1. SUMMARY

Under the leadership of the Müller occupational therapy practice, the alliance "Integrative Health Professions Mittelstadt" will be located in Mittelstadt, to connect regional providers from different health care professions. The focus will be on the supply of comprehensive treatment for patients in accordance with a holistic and unique philosophy.

If we look at the figures regarding the development of certain diseases, we can see that the majority of diseases are on the rise. They start earlier, last longer and become more complicated as they develop. In 2009, for example, there were 8 million people with diabetes in Germany while in 2000 there were "only" 5.4 million. The increase in obesity and lack of physical activity, combined with developments

towards working from home, are encouraging these trends. Developments show that patients cannot be sufficiently supported with methods currently offered by conventional medicine alone. The collaboration between different therapists is becoming increasingly important, as diabetes can also lead to issues regarding the sensitivity of the feet and hands. Therefore, a focus on more holistic concepts of treatment could be successful.
The approach in holistic medicine differs from that of conventional treatments. It is about the interaction between body, mind and soul. What is special about this project of cooperation between different health care professionals is that the patient will find all potentially relevant professionals in one network. Offers of this network are aimed at all those affected by complex illnesses, need help from several health care professions or are specifically looking for holistic offers.

2. OBJECTIVES

The aim of the network "Integrative Health Professions Mittelstadt" is to show patients and health-conscious people holistic ways to better health and long-term wellbeing. In the first phase, the basis of the alliance is to establish a collaboration of regional practices of service providers from a wide spectrum of health professions. These include, but are not limited to, practitioners of physiotherapy, occupational therapy, speech therapy, nutritional counselling. The network "Integrative Health Professions Mittelstadt" is designed to be open to occupational groups with a connection to the healthcare system. For patients and health-conscious clients, the cooperation is intended to enable the possibility of using the synergetic effects of the various health professions and thus allowing them to access comprehensive and holistically oriented treatments sooner.

Short-term goals (within the next year)
- Acquisition of clients or patients
- Organising regular pain and diabetes conferences
- Implementation of joint technical supervision
- Conducting joint surveys and discussions of results

Medium-term objectives (within the next two years)
- Publication of collective data in which all participating practitioners are to provide the referring doctors or clinics with summary information on patients
- Development of the company health management system in order to attract more employees from neighbouring companies as customers

Long-term objectives (within the next five years)
- Expansion of collaborative efforts with conventional doctors and therapists within the framework of integrated medicine

3. EXPLANATION OF THE PROJECT IDEA

Mittelstadt is an important economic location in Brandenburg. The 224 resident companies (with 10 or more employees, as of 1 December 2020) employ around 7,000 people, having reached a total turnover of 20 million euros in 2019. The medical sector is an especially vital part of Mittelstadt. In total there are 12

clinics for occupational therapy or physiotherapy, 5 speech therapists, a diabetes adviser and 2 nutritionists (as of 1 December 2020). In addition, there is a close link to the hospital in the neighbouring town of Südstadt and the medical care centre in the neighbouring town of Nordstadt.
An association of health care professions offers potential for numerous collaborations in the implementation of a holistic care concept. In order to implement this idea, joint consultation hours are to be held for the regional health professionals, joint supervision and consultations on patients and, in particular, pain and diabetes conferences, to which multimorbid patients (with several illnesses) are invited and holistic treatment concepts are to be discussed. There is a risk that multimorbid patients in particular may not receive optimal care from one single practitioner, as current treatment strategies are often no longer questioned.
Through the alliance "Integrative Health Professions Mittelstadt", afflicted patients can be examined and treated combining different professional perspectives. In addition, cooperation with hospitals, medical care centres and doctors would be simplified if treatment reports would not be prepared by each individual practitioner but in collaboration. This would result in an overall improved solution for patients or health-conscious clients from all healthcare backgrounds.
The legal framework chosen for the "Integrative Health Professions Mittelstadt" alliance is that of a civil law partnership (GbR), as most practitioners are freelancers. Each therapist involved would thus be recognised as an independent retailer. Through the interaction of the various therapists and service

providers, the patient or client will receive outstanding professional competence.

4. SERVICES

The patient or client and his or her concerns are at the heart of the holistic consultation.

The following services are offered on a long-term basis:
- occupational therapy
- physiotherapy
- nutritional advice
- diabetes consultation
- speech therapy

5. BENEFITS FOR CLIENTS

The patient or client will find a team of experts to cater to his/her needs and will find a suitable approach to the health problem he/ she is currently facing. For this purpose, an individual treatment plan or a treatment package will be created. Another option is the creation of a detailed medical report, based on the patient's condition. In line with the patient's medical history and the results of the data, a treatment plan will then be developed and implemented.

6. BUSINESS MODEL

Our business model is based on the collaboration of partners from various healthcare professions including a management team in the areas of organisation, marketing and advertising. There are clear arrangements, rules and responsibilities in all areas concerned. Individual therapists will be recognised as independent entrepreneurs and will simultaneously be integrated into the team of experts. Discussions and joint assessments should take place in the therapist's office where the client or patient first registers. Fees are not to be charged for this. Costs are exclusively expected to incur from joint marketing measures and for the employment of a commercial assistant to support the therapists in organising the cooperation.

7. STAFF

The network "Integrative Health Professions Mittelstadt" combines a variety of tasks which must be coordinated. Among other things, tasks such as research, postal services, telephone service, bookkeeping, cash desk, drawing up lists, preparing events, creating documents and making appointments are essential. A position for a commercial employee should also be established to cover 30 hours a week.

8. MARKET AND COMPETITION

The market currently offers anyone a wealth of information, particularly in the health sector. This multitude of information can be overwhelming for the patient and makes it harder to find an appropriate solution. Professional advice and treatment is crucial and can serve as a guide. A survey of citizens in Mittelstadt revealed that about 15% of those asked had received treatment from a health professional in the previous year. 80% of these people were not just affected by one but several illnesses and therefore

multimorbid. This suggests the value of networked health services. There is no comparable network within a radius of 60 km. In regard to location, the closest competitor is the health centre Seifert, which is located in Baumstadt, 65 km away. Due to the great distance, it is not to be expected that there is potential for an overlap in care.
Restrictions on our activities, i.e. market barriers, result from the fact that in many cases an examination from a doctor is necessary and the fact that health care professionals cannot accompany patients individually. We therefore strive for a closer cooperation with doctors and clinics in the region.

9. FINANCIAL REQUIREMENTS

For the purpose of hiring a commercial employee or staff member, 30,000 euros of financial provisions would incur in the first year. Outsourcing marketing tasks to regional agencies is estimated to cost around 10,000 euros.

10. OPPORTUNITIES AND RISKS

The Alliance can take advantage of a variety of opportunities and possibilities. These are also reflected in the objectives of the network:

- Raising awareness so that the centre can really establish itself in the region
- Communicating what makes our alliance unique: diversity, a holistic approach as well as a combination of information, knowledge, treatments and resources
- A team of experts working together collaboratively

- Individual partners can benefit from a team of experts and technical equipment that is available

Potential risks are as follows:

- A lack of clients who would be interested in the offers provided
- A lack of willingness to collaborate from a practitioner's perspective
- Changes in legislation, impeding on collaborations

The risks mentioned above are merely hypothetical at this stage and there is no evidence that these problems are likely to occur.

Hier alles auf Deutsch:

1. ZUSAMMENFASSUNG

Unter Federführung der Ergotherapiepraxis Müller soll in Mittelstadt das Bündnis „Integrative Heilberufe Mittelstadt" ins Leben gerufen werden, das regionale Anbieter aus verschiedenen Heilberufen vernetzt. Im Vordergrund steht dabei, Patienten entsprechend ihrer Ganzheitlichkeit und Einzigartigkeit umfassend zu behandeln.

Wenn wir uns die Zahlen über die Entwicklung bestimmter Krankheiten ansehen, stellen wir fest, dass die Mehrzahl der Krankheiten zunimmt, dass sie immer früher beginnen und im Laufe ihrer Entwicklung länger und komplizierter werden. Im Jahr 2009 gab es beispielsweise in Deutschland 8 Millionen Menschen mit Diabetes. Im Jahr 2000 waren es „nur" 5,4 Millionen. Die Zunahme von Übergewicht und

die verminderte Bewegung, bei gleichzeitigem Trend zur Arbeit im Home Office, begünstigen diese Trends. Die Entwicklungen zeigen, dass den Patienten mit den Möglichkeiten der konventionellen Medizin allein nicht ausreichend geholfen werden kann und dass die Zusammenarbeit unter Behandlern immer wichtiger wird, weil Diabetiker etwa auch Probleme mit der Sensibilität der Füße und Hände entwickeln können oder zu mehr Bewegung angeleitet werden sollten. Deshalb gibt es eine große Nachfrage nach ganzheitlichen Behandlungskonzepten.
Der Ansatz in der ganzheitlichen Medizin ist anders als der der konventionellen Behandlung. Es geht um die Wechselwirkung zwischen Körper, Geist und Seele. Das Besondere an diesem Projekt, der Zusammenarbeit verschiedener Heilberufe ist, dass der Patient alle Berufsgruppen, die für ihn möglicherweise relevant sind, in einem Netzwerk vorfindet. Die Angebote des Netzwerks richten sich an all jene, die von komplexen Erkrankungen betroffen sind, Hilfe von mehreren Heilberufen benötigen oder konkret nach ganzheitlichen Angeboten suchen.

2. ZIELE

Ziel des Netzwerks „Integrative Heilberufe Mittelstadt“ ist es, Patienten und gesundheitsbewussten Menschen ganzheitliche Wege zu mehr Gesundheit und langfristigem Wohlbefinden aufzuzeigen. Die Grundlage der Allianz soll in der ersten Phase die Kooperation der regionalen Praxen von Leistungserbringern aus dem Spektrum der Heilberufe sein. Dazu gehören unter anderem Praxen der Physiotherapie, Ergotherapie, Logopädie, Ernährungsberatung, aber auch weitere Berufe, die hier nicht abschließend alle genannt werden sollen. Das Netzwerk „Integrative Heilberufe Mittelstadt“ ist bewusst offen gegenüber weiteren Berufsgruppen mit einem Bezug zum Gesundheitswesen. Für Patienten und gesundheitsbewusste Klienten soll aufgrund der Zusammenarbeit die Möglichkeit geschaffen werden, Synergieeffekte der verschiedenen Heilberufe zu nutzen und so schneller eine umfassende, ganzheitlich orientierte Behandlung zu erhalten.

Kurzfristige Ziele (innerhalb des nächsten Jahres)

- Gewinnung von Klienten bzw. Patienten
- Durchführung regelmäßiger Schmerz- und Diabeteskonferenzen
- Durchführung gemeinsamer fachlicher Supervisionen
- Durchführung gemeinsamer Befunderhebungen und Befundbesprechungen

Mittelfristige Ziele (innerhalb der nächsten zwei Jahre)

- Etablieren von gemeinsamen Befunden, in denen alle beteiligten Behandler den überweisenden Ärzten oder Kliniken zusammenfassende Informationen zu Patienten zur Verfügung stellen
- Entwicklung des betrieblichen Gesundheitsmanagements, um stärker auch Mitarbeiter der umliegenden Firmen als Kunden zu gewinnen

Langfristige Ziele (innerhalb der nächsten fünf Jahre)

- Ausbau der Zusammenarbeit mit konventionellen Ärzten und Therapeuten im Rahmen der integrierten Medizin

3. ERLÄUTERUNG DER PROJEKTIDEE

Mittelstadt ist ein wichtiger wirtschaftlicher Standort in Brandenburg. Die 224 ansässigen Firmen (mit 10 und mehr Beschäftigten, Stand 1. Dezember 2020) beschäftigen rund 7.000 Menschen. Sie setzten 2019 insgesamt 20 Millionen Euro um. Ein wichtiger Sektor in Mittelstadt ist insbesondere der medizinische Bereich. Es gibt 12 Praxen für Ergotherapie oder Physiotherapie, 5 Logopäden, einen Diabetesberater und 2 Ernährungsberater (Stand 1. Dezember 2020). Zudem besteht eine enge Anbindung zum Krankenhaus im Nachbarort Südstadt und dem Medizinischen Versorgungszentrum im Nachbarort Nordstadt.

Ein Verbund der Heilberufe bietet zahlreiche Synergien in Umsetzung eines ganzheitlichen Versorgungskonzeptes. Um diese Idee umzusetzen, sollen gemeinsame Sprechstunden der regionalen Angehörigen der Heilberufe stattfinden, gemeinsame Supervision und Beratungen zu Patienten sowie insbesondere Schmerz- und Diabeteskonferenzen, zu denen multimorbide Patienten (mit mehreren Erkrankungen) eingeladen und ganzheitliche Behandlungskonzepte beraten werden. Es besteht eine große Gefahr, dass gerade solche multimorbiden Patienten bei nur einem Behandler nicht optimal versorgt werden, da aktuelle Behandlungsstrategien oft nicht mehr hinterfragt werden.

Durch das Bündnis „Integrative Heilberufe Mittelstadt“ können Betroffene aus verschiedenen fachlichen Blickwinkeln untersucht und behandelt werden. Auch die Zusammenarbeit mit Krankenhäusern, medizinischen Versorgungszentren und Ärzten wird vereinfacht, wenn Behandlungsberichte nicht von jedem Behandler einzeln, sondern in Kooperation

erstellt werden. Somit ergibt sich für Patienten oder gesundheitsbewusste Klienten eine Gesamtlösung aus dem Bereich der Heilberufe.
Als Rechtsform für das Bündnis „Integrative Heilberufe Mittelstadt" wird die Form einer Gesellschaft bürgerlichen Rechts (GbR) gewählt, da die meisten Behandler freiberuflich tätig sind. Jeder beteiligte Therapeut ist damit zugleich Einzelunternehmer. Durch das Zusammenspiel der verschiedenen Therapeuten und Leistungserbringer erhält der Patient oder Klient eine hervorragende fachliche Kompetenz.

4. DIENSTLEISTUNGEN

Im Vordergrund steht der Patient oder Klient mit seinem Anliegen im Rahmen der ganzheitlichen Beratung.

Folgende Dienstleistungen werden langfristig angeboten:
- Ergotherapie
- Physiotherapie
- Ernährungsberatung
- Diabetesberatung
- Logopädie

5. VORTEILE FÜR KLIENTEN

Der Patient oder Klient wird ein Expertenteam finden, das ihn dort abholt, wo er sich befindet und mit dem gesundheitlichen Problem, mit dem er gerade konfrontiert ist. Zu diesem Zweck wird ein individueller Behandlungsplan oder ein Behandlungspaket erstellt. Eine weitere Möglichkeit ist eine detaillierte heilmedizinische Befunderhebung, je nach Gesundheitszustand des Patienten. Auf der Grundlage der Vorgeschichte und der Ergebnisse der Messungen wird dann ein Therapieplan entwickelt und umgesetzt.

6. GESCHÄFTSMODELL

Das Geschäftsmodell basiert auf der Zusammenarbeit der Partner aus den verschiedenen Heilberufen mit einem Management-Team in den Bereichen Organisation, Marketing und Werbung. In allen Bereichen gibt es klare Vereinbarungen, Regeln und Verantwortlichkeiten. Jeder einzelne Therapeut ist ein unabhängiger Unternehmer und gleichzeitig in das Expertenteam integriert.

Besprechungen und gemeinsame Befunderhebungen finden jeweils in den Praxisräumen des Therapeuten statt, in dem der Klient oder Patient sich zuerst angemeldet hat. Hierfür sollen ausdrücklich keine Gebühren anfallen. Entstehende Kosten sind nur für gemeinsame Marketing-Maßnahmen zu erwarten sowie für die Anstellung einer kaufmännischen Hilfskraft, welche die Therapeuten bei der Organisation der Zusammenarbeit unterstützt.

7. PERSONAL

Das Netzwerk „Integrative Heilberufe Mittelstadt“ vereint vielfältige Aufgaben, die auch koordiniert werden müssen. Unter anderem sind Aufgaben wie Recherchen, Postdienste, Telefondienst, Buchführung, Kasse, Aufstellen von Listen, Vorbereitungen der Veranstaltungen, Erstellen von Dokumenten und Terminvergaben notwendig. Geplant ist daher eine

Stelle für einen kaufmännischen Mitarbeiter oder eine Mitarbeiterin. Diese soll mit 30 Stunden wöchentlich besetzt werden.

8. MARKT UND WETTBEWERB

Der Markt bietet derzeit jedem eine Fülle von Informationen, insbesondere in den Bereichen Gesundheit. Oft ist der einzelne Kunde von dieser Vielfalt überwältigt und es ist schwierig, eine Lösung für sich und sein Problem zu finden. Professionelle Beratung und Behandlung hat daher einen hohen Stellenwert und kann auch als Orientierung dienen. Eine Umfrage der Bürger in Mittelstadt ergab, dass etwa 15% im vergangenen Jahr eine Behandlung bei einem Angehörigen der Heilberufe wahrgenommen haben. 80% dieser Personen hatten nicht nur eine, sondern mehrere Erkrankungen und waren damit multimorbid. Damit ergibt sich ein hohes Potenzial für vernetzte Gesundheitsdienstleistungen. Im Umkreis von 60 km gibt es kein vergleichbares Netzwerk. Der geografisch am nächsten gelegene Konkurrent ist das Gesundheitshaus Seifert, welches im 65 km entfernten Baumstadt angesiedelt ist. Aufgrund der großen Entfernung ist nicht davon auszugehen, dass hier Überschneidungen bei der Versorgung von Patienten bestehen.

Einschränkungen unserer Tätigkeit, also Marktschranken, ergeben sich dadurch, dass in vielen Fällen eine Untersuchung durch einen Arzt nötig ist und Heilbehandler Patienten nicht allein begleiten können. Daher streben wir eine intensivere Zusammenarbeit mit Ärzten und Kliniken der Region an.

9. FINANZBEDARF

Für die Einstellung eines kaufmännischen Mitarbeiters oder einer Mitarbeitern fallen im ersten Jahr 30.000 Euro an Finanzbedarf an. Das Auslagern von Marketingaufgaben an regionale Agenturen wird mit ca. 10.000 Euro veranschlagt.

10. CHANCEN UND RISIKEN

Das Bündnis kann viele Chancen und Möglichkeiten nutzen, die sich auch in den Zielen des Netzwerks widerspiegeln:

- Sensibilisierung, damit sich das Zentrum in der Region wirklich einen Namen machen kann
- Kommunizieren, was unser Bündnis einzigartig macht: Vielfalt, ganzheitlicher Ansatz, eine Kombination aus Informationen, Wissen, Behandlungen und Ressourcen
- Ein Team von Experten, das kohärent zusammenarbeitet
- Jeder einzelne Partner kann von einem Expertenteam und technischen Geräten profitieren, die hier zur Verfügung stehen

Es bestehen auch Risiken:

- Zu wenige Klienten, die diese Angebote annehmen
- zu wenig Kooperationsbereitschaft seitens der Ärzte
- Änderungen der Gesetzgebung, sodass eine Kooperation erschwert wird

Diese Risiken sind derzeit rein hypothetisch und es zeigen sich keine Anhaltspunkte, dass die genannten Probleme tatsächlich auftreten.

IMPRESSUM

Sie haben Fragen oder Kritik zu diesem Buch?

Dann schreiben Sie uns einfach eine Mail an:
d-stopfer@web.de

Kontakt: Daniel Stopfer

Eudorfer Weg 8a

36304 Alsfeld

Covergestaltung: Wolkenart – Marie-Katharina Wölk

Layout und Satz: Samuel Roberts

HAFTUNGSAUSSCHLUSS

Dieses Buch enthält Meinungen und Ideen des Autors und hat die Absicht, Menschen hilfreiches und informatives Wissen zu vermitteln. Die enthaltenen Strategien passen möglicherweise nicht zu jedem Leser, und es gibt keine Garantie dafür, dass sie auch wirklich bei jedem funktionieren. Die Benutzung dieses Buchs und die Umsetzung der darin enthaltenen Informationen erfolgt ausdrücklich auf eigenes Risiko. Haftungsansprüche gegen den Autor für Schäden materieller oder ideeller Art, die durch die Nutzung oder Nichtnutzung der Informationen bzw. durch die Nutzung fehlerhafter und/oder unvollständiger Informationen verursacht wurden, sind ausdrücklich ausgeschlossen. Das Werk, inklusive aller Inhalte, gewährt keine Garantie oder Gewähr für Aktualität, Korrektheit, Vollständigkeit und Qualität der bereitgestellten Informationen. Druckfehler und Fehlinformationen können nicht vollständig ausgeschlossen werden.

Printed in Poland
by Amazon Fulfillment
Poland Sp. z o.o., Wrocław

69489015R00074